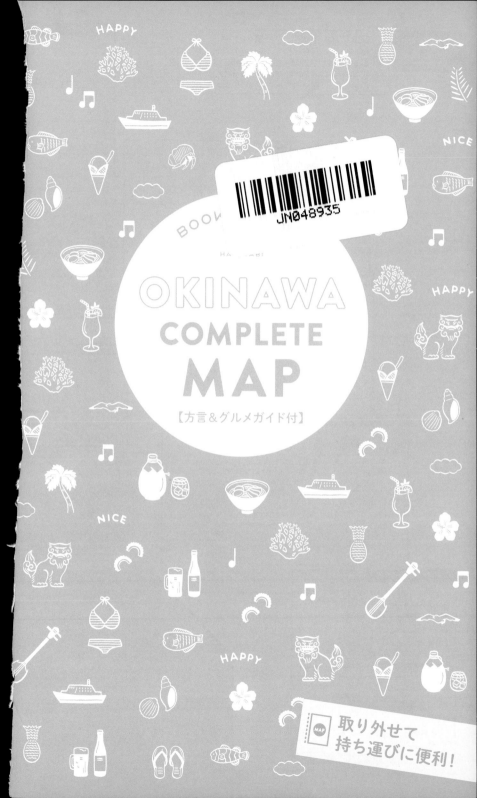

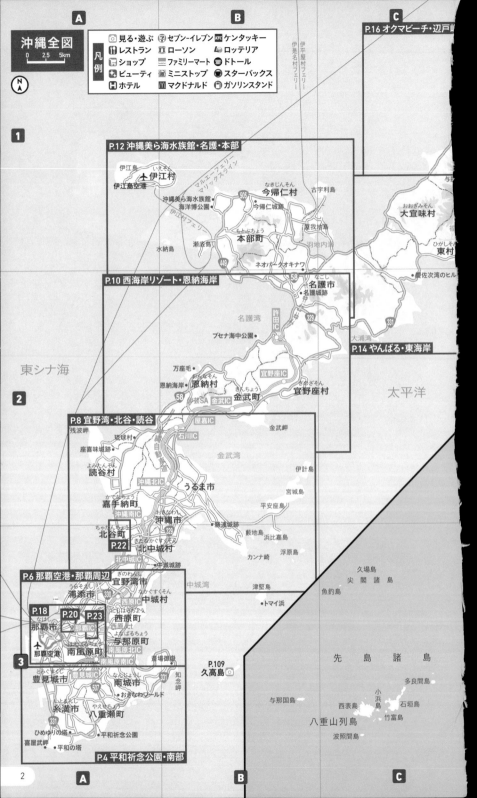

沖縄全図

0 2.5 5km

N

凡例

◎ 見る・遊ぶ	⑦ セブン-イレブン
🍴 レストラン	Ⓛ ローソン
🛍 ショップ	▤ ファミリーマート
💄 ビューティ	◫ ミニストップ
Ⓗ ホテル	Ⓜ マクドナルド
	🥤 ケンタッキー
	⬤ ロッテリア
	⬤ ドトール
	⭐ スターバックス
	⛽ ガソリンスタンド

A **B** **C**

1

P.16 オクマビーチ・辺戸岬

P.12 沖縄美ら海水族館・名護・本部

伊江島
✝ 伊江村
伊江島空港
沖縄美ら海水族館
海洋博公園
伊江フェリー
水納島
瀬底島

今帰仁村
今帰仁城跡
本部町
449
ネオパークオキナワ
58

大宜味村
東村

古宇利島
羽地内海
329
331
櫻佐次湾のヒル

名護市
名護城跡
許田IC
プセナ海中公園
名護湾
大浦湾
P.14 やんばる・東海岸

P.10 西海岸リゾート・恩納海岸

万座毛
恩納海岸 恩納村
58 伊芸SA 金武IC
宜野座IC
金武町
宜野座村

東シナ海

2

太平洋

P.8 宜野湾・北谷・読谷

残波岬
琉球村
座喜味城跡
読谷村
嘉手納町
沖縄北IC
沖縄南IC
北谷町
P.22
北中城村
中城城跡
石川IC
屋嘉IC
沖縄自動車道

金武岬
金武湾
伊計島
宮城島
平安座島
勝連城跡
浜比嘉島
藪地島
浮原島
カンナ崎

うるま市
沖縄市
329

P.6 那覇空港・那覇周辺

宜野湾市
浦添市
330
西原IC
P.18 P.20 P.23
那覇市
那覇IC
西原町
豊見城IC
南風原北IC
与那原町
南風原町
南風原南IC
✝ 那覇空港

中城村
中城湾
トマイ浜

斎場御嶽
P.109 久高島 📷
知念岬
331

3

豊見城市
南城市
おきなわワールド
507
糸満市
八重瀬町
331
ひめゆりの塔
喜屋武岬
平和の塔
平和祈念公園

P.4 平和祈念公園・南部

尖閣諸島
久場島
魚釣島

先島諸島

先島諸島

与那国島
西表島
小浜島
石垣島
竹富島
八重山列島
波照間島
多良間島

A **B** **C**

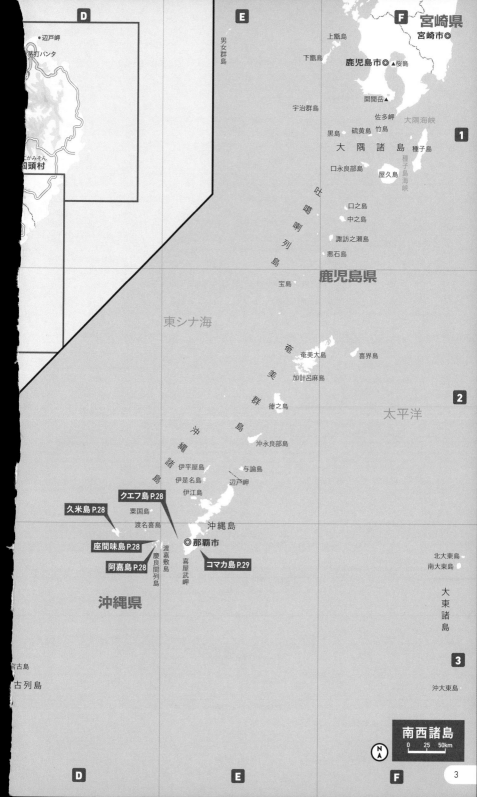

D　**E**　**F** 宮崎県
宮崎市◎

辺戸岬
茅打バンタ

上甑島

下甑島

鹿児島市◎ ▲桜島

男女群島

開聞岳▲

宇治群島

佐多岬 大隅海峡

くにがみそん
国頭村

黒島 硫黄島 竹島

1

大 隅 諸 島 種子島

口永良部島 屋久島 種子島海峡

口之島

吐噶喇列島

中之島

諏訪之瀬島

悪石島

鹿児島県

宝島

東シナ海

奄美大島 喜界島

奄美群島

加計呂麻島

徳之島

2

太平洋

沖縄諸島

沖永良部島

伊平屋島

与論島

伊是名島 辺戸岬

伊江島

クエフ島 P.28

粟国島

久米島 P.28

渡名喜島

沖縄島

北大東島
南大東島

座間味島 P.28

慶良間列島

渡嘉敷島

◎那覇市

大
東
諸
島

阿嘉島 P.28

喜屋武岬

コマカ島 P.29

沖縄県

3

宮古島

沖大東島

古列島

南西諸島

0　25　50km

N

D　**E**　**F**

3

太平洋

P.3 沖縄全図
P.16 辺戸岬
P.12 名護
P.10 西海岸リゾート
P.14 やんばる
P.8 宜野湾
P.6 那覇空港
P.4 平和祈念公園

斎場御嶽
せーふぁうたき
0 250 500m

南城市

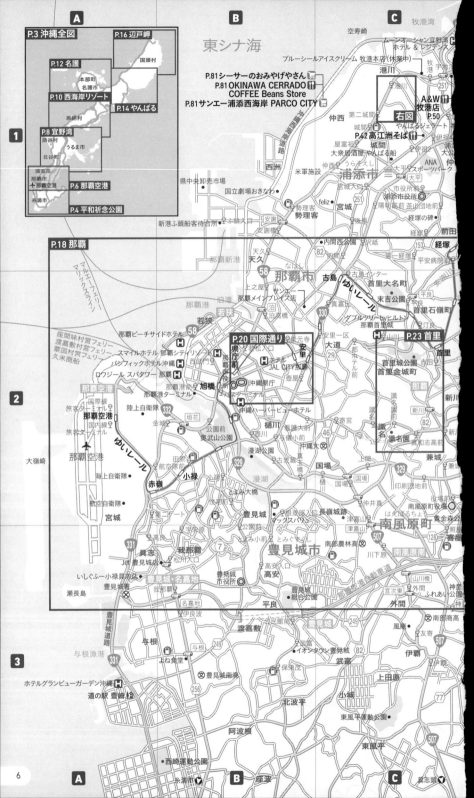

地図凡例 / マップインデックス

A1
P.3 沖縄全図
P.16 辺戸岬
P.12 名護
国頭村
本部町
名護市
P.10 西海岸リゾート
恩納村
P.14 やんばる
P.8 宜野湾
読谷村
うるま市
北谷町
浦添市
那覇市
P.6 那覇空港
那覇空港
糸満市
P.4 平和祈念公園

B1
東シナ海
空寿崎

P.81 シーサーのおみやげやさん
P.81 OKINAWA CERRADO COFFEE Beans Store
P.81 サンエー浦添西海岸 PARCO CITY

県中央卸売市場
国立劇場おきなわ
勢理客
新港ふ頭船客待合所
安謝
安謝新港

C1
牧港湾
ムーンオーシャン宜野湾ホテル & レジデンス
ブルーシールアイスクリーム 牧港本店（休業中）
港川
A&W 牧港店
右図
やんばるジェート
P.42 高江洲そば
P.50
大衆酒場 やんばる船
ANA
城間
仲西
うらそえ
浦添市
大平
スポーツパーク
浦添市役所
陽明高前 荒川団地前
経塚の碑
前田
経塚

A2
P.18 那覇
マルエーフェリー
マリックスライン
座間味村営フェリー
渡嘉敷村営フェリー
粟国村営フェリー
久米商船
那覇空港
国際線
国内線
旅客ターミナル
那覇空港
大嶺崎
陸上自衛隊
金城
海上自衛隊
航空自衛隊
宮城

B2
那覇新港
天久
那覇市
古島
首里大名町
末吉公園
ゆいレール
首里石嶺町
上之屋
サンエー 那覇メインプレイス店
真嘉比
泊港
泊
那覇ビーチサイドホテル
若狭
58
旭橋
スマイルホテル 那覇シティリゾート
パシフィックホテル沖縄
ロワジール スパタワー 那覇
那覇港ターミナル
那覇港
P.20 国際通り
県庁前
安里
崇元寺
松山
美栄橋
牧志
ホテルJAL CITY那覇
壺屋
沖縄県庁
安里一区
樋川
沖縄ハーバービューホテル
首里前
識名
泊
安里
大道
ホテル
332
垣花
公園前
東武山公園
奥武山公園
田原
航空隊前
小禄
329
とみみ大橋
漫湖公園
漫湖
国場
国場
46
沖縄１
331
長志
Jef 豊見城店
松山入口
我那覇
とよみ小前
とみぐすく
南部農林高
川下
いしぐふー小禄具志店
豊見城市役所
豊見城
高安
7
豊見城・名嘉地
高安
我那覇
平良
名嘉地

C2
首里山川町
P.23 首里
首里
首里城公園
首里金城町
新川
那覇
鳥堀
崎山
識名園
兼城
印刷団地前
沖仲井真
南風原町
黄金森公園
507
南風原南
宜次東
外間
ふれあい公園
128
喜富

A3
ホテルグランビューガーデン沖縄
道の駅 豊崎
与根漁港
331
与根
よね食堂
豊見城南IC
西崎運動公園
糸満市
瀬長島

B3
渡嘉敷
公民館前
豊見城
イオンタウン豊見城
82
武富
保栄茂
北波平
阿波根
座波

C3
伊覇
上田原
小城
77
東風平運動公園
東風平
507
東風平
南部商高
豊志

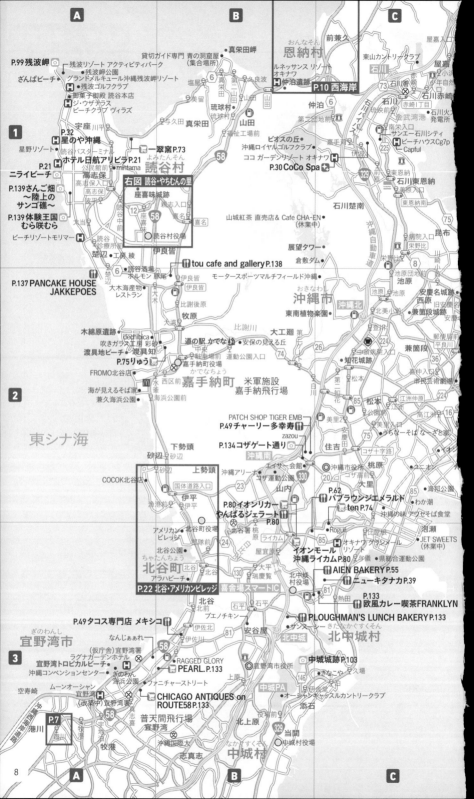

P.99 残波岬
P.32 星のや沖縄
P.21 ホテル日航アリビラ
P.21 ニライビーチ
P.139 さんご畑〜陸上のサンゴ礁〜
P.139 体験王国 むら咲むら
一翠窯 P.73
右図 読谷・やちむんの里
tou cafe and gallery P.138
P.137 PANCAKE HOUSE JAKKEPOES
P.75 りゅう
P.10 西海岸
P.30 CoCo Spa
PATCH SHOP TIGER EMB
P.49 チャーリー多幸寿
P.134 コザゲート通り
P.80 イオンリカー
やんばるジェラート P.80
P.62 パブラウンジエメラルド
ten P.74
イオンモール沖縄ライカム P.80
AIEN BAKERY P.55
ニューキタナカ P.39
P.133 欧風カレー喫茶 FRANKLYN
PLOUGHMAN'S LUNCH BAKERY P.133
P.49 タコス専門店 メキシコ
中城城跡 P.103
RAGGED GLORY
PEARL P.133
CHICAGO ANTIQUES on ROUTE58 P.133
P.7

恩納村
仲泊遺跡
ルネッサンス リゾート オキナワ
東山カントリークラブ

読谷村
座喜味城跡
読谷村役場

嘉手納町
嘉手納飛行場
米軍施設

沖縄市
沖縄北
沖縄南

北谷町
アラハビーチ
P.22 北谷・アメリカンビレッジ

宜野湾市
宜野湾トロピカルビーチ
沖縄コンベンションセンター
ムーンオーシャン宜野湾

北中城村

中城村

東シナ海

石川

8

宜野湾・北谷・読谷

（ぎのわん・ちゃたん・よみたん）

0　1　2km

D　金武
E
F

金武岬

金武

金武岬

恩納村

金武湾

長浜

ギャラリー・麗屋
やちむんの里
読谷山焼 共同直売所

P.138
ギャラリー
山田工房

P.102
座喜味城跡

読谷山焼 北窯売店
P.73,138

北窯

沖縄黒糖工場

上地
コンタンザ
ミュージアム

P.137 Clay Coffee &
Gallery

P.138
陶芸工房 ふじ

ギャラリー
森の茶家

ガラス工房 清天

P.55
パン屋水円

鶴亀堂ぜんざい P.46

常秀工房内ギャラリー
うつわ家

P.79 宙吹ガラス工房 虹

残波大明神

残波岬

座喜味
座喜味入口

よみたん
残波岬

P.12
座喜味

読谷村

喜名志
喜名

AJ リゾートアイランド伊計島

大泊ビーチ
P.135 伊計島
与那城伊計

伊計ビーチ
伊計城跡
伊計大橋

トンナハビーチ

読谷補助飛行場跡
読谷村
補助飛行場跡

喜名喜名

道の駅 喜名番所

金月そば

泊城跡

読谷村伝統工芸
総合センター

陸上競技場

宮城島
与那城上原

読谷村
福祉センター

平和の森球場

与那城
宮城

ふれあい
交流館

読谷村役場

ぬちまーす観光製塩
ファクトリー

読谷・やちむんの里周辺

0　100　200m

平安座島

与那城平安座

太平洋

うるま市

与那城
照間

BOULANGERIE CAFÉ Yamashita
海鮮食堂「味華」

具志川

海中道路西口

P.135
海の駅 あやはし館

海中道路 P.135

浜比嘉
大橋

南風原入口

総合公園

浜比嘉ビーチ

アマミチュー

P.103 勝連城跡

勝連浜
ホテル浜比嘉島リゾート

勝連内間

藪地島

浜比嘉島
ムルク浜

屋慶名展望台

浜比嘉島

平田原

P.135 シルミチュー

平安名
平敷屋

勝連平敷屋

P.3 沖縄全図

カンナ崎

P.16 辺戸岬

中城湾

国頭村

P.12 名護

本部町
名護市

P.10 西海岸リゾート

P.14 やんばる

恩納村

P.8 宜野湾

読谷村
北谷町
うるま市

浦添市

那覇市
那覇空港

P.6 那覇空港

津堅島

糸満市

P.4 平和祈念公園

D
E
F

西海岸リゾート・恩納海岸 おんなかいがん

◀辺戸岬　　　　　　　　　　　　　　　　　　　　◀辺戸岬

浜
田嘉里
村名城
嘉如嘉
▲赤又山
伊湯岳

くにがみそん
国頭村

道の駅やんばる
パイナップルの丘 安波

安波

宇嘉川

新川湖

大崎

●やんばる海水揚水発電所

▲玉辻山

福上湖

新川崎

ヒロ・コーヒーファームP.56

高江

ハーブ園
メローグリーンたかえ

●つつじエコパーク

福地ダム

●山と水の生活博物館

ひがしそん
東村

宮城一班

宮城

ギナン崎

東村役場

川田

サンライズひがし

種苗管理
沖縄農場センター

魚泊

平良湾

パマビーチ

太平洋

仁屋崎

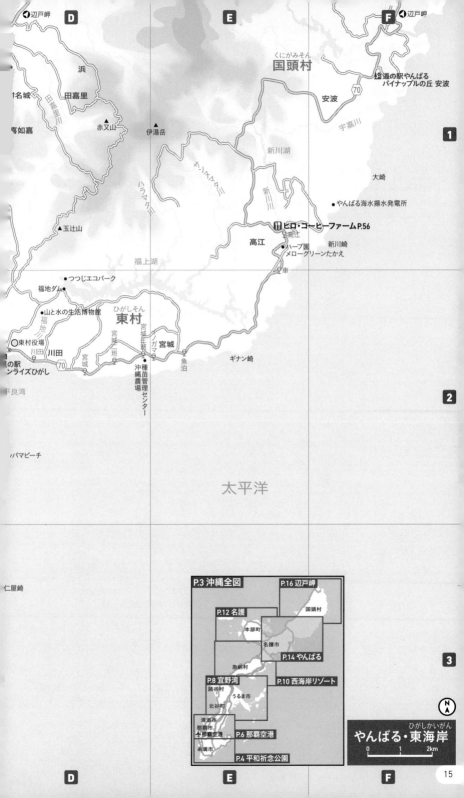

ひがしかいがん
やんばる・東海岸

0　　1　　2km

B

C

東シナ海

宇嘉
宇
辺野
辺野
佐手
佐手
謝敷
謝敷
二二一与那
新与那トンネル
与那川 2
伊地
伊地
与那
宇良 海遊び・森遊び きじむなあ
バスターミナルセンター
辺土名北
国頭村役場
ヤンバルホステル P.149
赤丸岬
辺土名
上島入口
Beach café OASIS
ブーゲンビリア
レストランくいな P.149
オクマ プライベートビーチ & リゾート
奥間
国頭村オートキャンプ場
道の駅 ゆいゆい国頭 P.149
オクマビーチ
奥間入口
環境省やんばる野生生物保護センター
鏡池シナマー公園
比地橋
ウフギー自然館
くいなエコ・スポレク公園
奥間
国頭港食堂
半地
半地
奥間川
与那覇岳登山道
田嘉里入口
比地共同店前
与那覇岳
58
P.147比地大滝
与那覇岳天然保護区域
おおぎみそん
第一喜如嘉
浜
長尾橋(大国林道)
大宜味村
喜如嘉集落
大宜味村立芭蕉布会館
役場前
喜如嘉城
田嘉里
高江
英味の店
大宜味村役場
謝名城
伊湯岳
根路銘
喜如嘉
赤又山
饒波
東村

A **B** **C**

オクマビーチ・辺戸岬
へどみさき

0 1 2km

N

1

2

3

沖縄石の文化博物館
辺戸岬こうようパーラー
辺戸岬 P.148
宇佐浜遺跡
ヤンバルクイナ展望台
大石林山 P.146
茶打バンタ P.148
辺戸御嶽

北国小学校
宜名真
トンネル
真漁港 鼠名真
名真神社
宜名真
ウテンダトンネル
辺土上原ダム

世皮崎
辺戸
世皮崎

奥
奥山木
民宿 海山木
奥やんばるの里

58

70

尾西岳
赤崎

西銘岳
楚洲
伊江川

辺野喜
辺野喜ダム
伊集の湖
国頭村
くにがみそん
佐手川

我地
70
我地川

照首山
伊部岳
安田

フエンヂヂ岳

タカシジ山
フンガー湖

アダ・ガーデンホテル沖縄
安田ヶ島
2 安田
やんばるエコツーリズム研究所
安田漁港

普久川ダム
ヤンバルクイナ
生態展示学習施設「クイナの森」
イシキナ崎

普久川

大
川

クイナ湖

安波
安波

カツセノ崎

やんばる学びの森
安波ダム
70
安波のサキシマスオウノキ

床川

道の駅やんばる パイナップルの丘 安波

宇嘉川

太平洋

国際通り

N

0 50 100m

浦添市

那覇 泊港（とまりん）P.156
ジンベエ・マリン・タクマ3
ケラマ諸島観光案内所
スマイル
泊ふ頭
県水産会館
泊ふ頭入口
泊局
泊（東）

若狭大通り
若狭（3）
P.43 八重山そば ジュネ
夫婦橋
夫婦橋

ホテルリノネックス那覇
前島（3）
酒菜処 あぐん茶
ホテルルートイン
タイムズカー
前島（2）
中之橋
前島（1）
那覇小

松山（2）
ホテルリブマックス
BUDGET那覇松山
月桃庵
コンフォートイン
那覇泊港
まーちぬ家
しゃぶしゃぶ
我那覇豚肉店 前島本店

那覇中
若松橋
潮渡川

ソルヴィータホテル那覇
エスティネートホテル那覇
リッチモンドホテル
前島橋
美栄橋
美栄橋

GRG
P.66 家庭料理の店 まんじゅまい P.66
若松入口
若松入口
美栄橋駅前
Vita Smoothies
車横イン
ジュンク堂
実身
那覇
THE pedi lounge

松山公園
SHO-CHU BAR
髙山 琉球別邸
久茂地（2）
居酒屋野郎 りょう次
松山

やきにく華
アパホテル〈那覇〉
P.67
お食事処 三笠 松山店
沖縄海邦
たそかれ珈琲
牧志（1）
緑ヶ丘公園
シーサーイン那覇

お食事処 みかど
ØMO5沖縄那覇 by 星野リゾート
久茂地橋
宿や潮水
流求茶館
POCO CAFE P.92
ホテル
JAL CITY 那覇

農林中金前
二銀通り
那覇芸術劇場なはーと
JUMBO STEAK HAN'S 本店
沖縄第一ホテル P.53
P.10
おきなわ屋本店 P.82

ホテルサンパレス
球陽館
スチームダイニング しまぶた屋
P.68 なかむら家
カラカラとちぶぐゎ〜
MAXI PUDDING
newQ P.91

公民館前
焼肉もとぶ牧場
那覇前
P.115 ライブ＆沖縄料理 島唄
P.91 ブルーシール 国際通り店
真夜中スイーツ
那覇国際通り店 P.91
La Cucina
SOAP BOUTIQUE P.31

久茂地（3）
なかよし食堂
P.91 ふくぎや 国際通り店
松尾
P.77 MIMURI

琉銀本店前
美栄橋公園
P.90 Zooton's
ホテルコレクティブ
ホテルランタナ
那覇国際通り

久茂地（1）
沖縄
P.69
ゆうなんぎい
Okinawan Resort Ti-da Beach
松尾

パレット
くもじ前
沖縄銀本店前
ホテルグレイスリー那覇
Splash Okinawa 2号店

パレットくもじ
市民劇場
KFC
みずほ
楽園百貨店 P.27,124
うみちゅらら 国際通り店 P.121 謝花きっぱん店
わしたショップ 国際通り店 P.84
御菓子御殿 国際通り松尾店 P.90
ホテル ロコア ナハ
松尾（2）

県庁北口
県庁北口
P.90
A&W 国際通り松尾店
県庁前
松尾公園

議会棟

那覇市役所
沖縄県庁
松尾（1）
ホテルグランコンソルト那覇

那覇高

開南小
県警察本部

D ザ・ナハテラス **H** **E** ●おもろまち **F**

P.81 Tギャラリア 沖縄 by DFS

第一牧志公設市場 P.89
🍴 H&Bジェラ沖縄 牧志店 P.89
🍴 きらく P.89
🍴 豊年 P.89
🍴 平田漬物店 P.89
🍴 ジーマーミ豆腐専門店 はま P.89
🍴 与那嶺鮮魚 P.89

ダイワロイネットホテル **H**
●市上下水道局

安里緑地

1

🚉琉球
那覇市
泊(I)
糸数病院🏥
〒安里八幡宮
(251)
安里
安里(3)

崇元寺公園
崇元寺石門
崇元寺
サンプラザ
崇元寺東
崇元寺橋
中良橋
安里1丁目

牧志(2)
大道中央病院🏥
安里
安里(I)
マックスバリュ
安里三差路
H 那覇セントラルホテル
オリオンホテル那覇 **H**
サン・クイーン **H** オーシャン
安里十字路
P.93 RENEMIA 🏢
牧志公園
牧志公園前
ヒューイットリゾート那覇 **H**
P.93 Fontana Gelato 🍴
蔡温橋
ダイワロイネットホテル **H** 安里(2)
ルビープラス
国際通り店
琉球ネオ酒場 ららら P.121
しまぁとあて P.121
南西観光
那覇国際通り
さいおん
スクエア
琉球コスメハウス●
P.92
国際通りのれん街
P.49,92
LUCKY
TACOS
P.93
久高民藝店
牧志
牧志駅前
泡盛と琉球料理 うりずん P.69
安里駅前
むつみ橋
(39)
国際通り屋台村 P.121
小桜
壺屋小
ホテルパームロイヤルNAHA 国際通り
P.71山羊料理 美咲
HOTEL AZAT **H**
想 平和通り店
てんぶす那覇 P.120
ショップなは P.93
奥原硝子製造所 P.120
那覇市伝統工芸館 P.120
那覇市観光案内所
栄町
りうぼう
安里駅前
てんぶす前
沖縄逸の彩
温泉リゾートホテル **H**
あんつく P.88
C&C BREAKFAST OKINAWA P.52,88
ポーたま 牧志市場店 P.67
牧志(3)
松原屋製菓 P.88
花笠食堂 P.67
さんご座キッチン P.123
桜坂劇場 P.123
姫百合橋
P.122
さぼらみ
第一牧志公設市場 P.89
別記参照D-Iへ
姫百合橋
市場中央通り
ハイアット リージェンシー 那覇 沖縄
壺屋(I)
P.122
平和通り商店街
ロードワークス P.123
那覇市立壺屋焼物博物館
壺屋陶器センター
TENKATSU/麻亜眠都
cafe プラヌラ P.122
soi
陶器と喫茶 南窯
じーさーかす P.122
育陶園 やちむん道場
GARB DOMINGO P.74
guma guwa P.124
泡盛の店/琉夏 サンライズ店
P.124
Kamany
Craft・Gift
ヤッチとムーン
うちなー茶屋
ぶくぶく
THE COFFEE
STAND P.57
P.82
琉球銘菓くがにやあ
壺屋やちむん通り
壺屋(2)
アルファベッドイン
那覇国際通りEAST **H**
日野通り
(330)

3
(46)

22 開南 **D** のうれんプラザ **E** **F**

砂辺馬場公園●
▲読谷
下勢頭
P.50 GORDIES
ライスポーツランド
砂辺
Transit Café
沖縄そば専門店 浜屋そば
The Shanbio
浜川
国体道路
23
北谷高入口
北谷ボウル
町立図書
北谷ゴルフ練習場
桑江4
航空隊入口
国体道路入口
58
浜川
Atelier de pâtisserie
naruru okinawa
浜川小
検診センター
第二伊平
伊平
トヨタウン北谷店
ちゃたんちょう
北谷町
北谷浄水場
北谷宮城
漁港前
北谷高
サンエー
宮城
浜川漁港
県営美浜
高層住宅
伊平
北谷町役場
港
うみんちゅワーフ
桑江
米軍施設
キャンプ桑江
The jungila cafe & restaurant
ザ・ジェントル・ホテル
沖縄北谷
北谷町役場
北谷局
P.132 WaGyu-Café KAPUKA
P.132 Re:MELO
アラスガーデン 美浜リゾート
P.31 AMAMI SPA
ヒルトン沖縄北谷リゾート
P.132
美浜アメリカンビレッジ
第二桑江
桑江
ダブルツリーbyヒルトン 沖縄北谷リゾート
米軍海軍病院
P.35 シーサイドカフェ ハノン
シーサイドスクエア
P.39 Fairy cotton candy
カーニバル
パーク・ミハマ
P.31 オキナワアロマ ペタルーナ 北谷サンセット店
アメリカンデポ
P.57 ZHYVAGO COFFEE WORKS OKINAWA
ディストーション シーサイドビル
BOKUNEN ART MUSEUM
P.132 VONGO & ANCHOR
AKARA
Hold By Hand
7PLEX
北谷 ビーチサイド コンドミニアム ホテルモシ
ベッセルホテルカンパーナ沖縄
イオン
美浜
デポアイランド
ザ・ビーチタワー
okinawan music カラハーイ
北谷サンセットビーチ
Terme VILLA ちゅらーゆ
P.39
ブルーシール 北谷店
陸上
競技場
野球場
桑江中
北谷公園
屋内運動場
謝苅入口
謝苅
ふれあい橋
美浜橋
東シナ海
美浜
入口
130
石垣島キッチン Biri
北谷
大村
北谷
北谷
アラハビーチ
北前
安良波公園
国頭方西海道
米軍施設
キャンプ瑞慶覧
ハンビータウン前
ハンビータウン
北谷南
北前
58
那覇

D 儀保 ベプテスト教会
グルツリーby 山川
トン那覇首里城 首里大中町
P.76首里染織館suikara
城間紅型研究所 首里山川町 首里当蔵町
トン-byヒルトン那覇首里城 ふくぶく茶屋 嘉例山房 龍潭通り 当蔵
坂下通り 龍潭P.113 首里汀良町
首里高前 首里城公園入口 龍潭
山川 首里真和志町 池端 SuiSavon 汀良公園 首里中
城西小 -首里石鹸- 首里公民館前
首里 琉染 首里高 ほりかわ 沖縄県立芸術大 資料館 eレンタルサイクル 首里駅
音楽棟 首里公民館 ポタリング首里
首里城公園管理センター P.113弁財天堂 美術棟 図書館 首里
赤マルソウ通り P.104,113玉陵 首里城前 円覚寺跡 鳥堀町
一中学徒隊 守礼門 なかお写真P.114 沖縄 首里
資料展示館 レストラン首里杜 瑞 広福 首里城公園P.102,114 琉球おうず 鳥堀町
寒川緑地 養秀会館 園 歓会門 泉福門 北殿 鳥堀 武村松月堂 首里そば 1
一中健児の塔入口 比 刻門 P.40
寒川 喜名名紅型工房 屋 下之御庭 正殿 琉球料理 赤田風
新垣菓子店 武御嶽石門 首里森御嶽 奉神門 首里赤田町
首里寒川町 P.104 南殿
泡盛館 P.113 芸大策3 金城の町
金城大樋川 キャンパス前 金城町
金城2 首里金城町 内金城御嶽 首里金城の大アカギP.113
石畳道 沖縄県立芸術大
多川市営住宅 首里殿内 首里金城町 首里崎山公園
安里川 首里崎山町
多川 那覇市 うちなー料理 首里いろは庭P.45 旧御茶屋御殿石造獅子
松城中 雨乞嶽
Dessert Labo Chocolat 城南小
繁多川公園 金城4 崎山
繁多川 金城ダム 首里カトリック教会
那覇イ
サンエー 崎山
真和志局 識名宮 繁多川ひばりヶ丘墓地 西原
田中 繁多川図書館 那覇インター前 Jct
農業試験場前
謝名霊殿 中央棟 南風原町
識名霊園墓地 県立芸術大 新川
識名 病害虫防除 工芸棟 新川
真地配水池 技術センター 医療センター前 県立南部医療センター
真地公民館 医療センター前 こども医療センター
識名園前 真地 医療センター前
P.105識名園 真和
識名公園 志高前
222 首 N
真 里
329
里 0 50 100m
D E F 23

沖縄便利帳①

使える！分かる！カテゴリ別
沖縄方言ガイド

旅をもっと楽しくしてくれる沖縄方言をシーン別に紹介。
あいさつなどを覚えて使えば、地元の人と一気に打ち解ける。
食べ物や魚の沖縄独特の方言にも対応できる。

基本編

アンマー 使用頻度 ★★☆
お母さん
お父さんは「スー」

ウチナーンチュ 使用頻度 ★★★
沖縄の人
他府県の人はナイチャー

ウチナーグチ 使用頻度 ★★☆
沖縄方言
ウチナー（沖縄）＋言葉（グチ）

チュラカーギー 使用頻度 ★★☆
美人・かわいい
「チュラ」が美しいの意味

デージ 使用頻度 ★★☆
大変・とても
思わず口にする言葉の一つ

あいさつ編

メンソーレー 使用頻度 ★★★
いらっしゃいませ
お店のお出迎えなどで聞く

ハイサイ 使用頻度 ★★★
やあ（男性）
「調子はどう？」の意味も

ハイタイ 使用頻度 ★★★
やあ（女性）
「ハイサイ」の女性言葉

ウキミソーチー 使用頻度 ★☆☆
おはようございます
「起きましたか？」の意味も

ニフェーデービル 使用頻度 ★★★
ありがとうございます
お礼を言うときに使う

ワッサイビーン 使用頻度 ★☆☆
ごめんなさい
謝罪するときに使う

掛け声編

ナンクルナイサ 使用頻度 ★★☆
なんとかなるさ
普段の会話でよく使う

チバリヨー 使用頻度 ★★★
頑張れ
応援をするときに頻出

マカチョーケー 使用頻度 ★★☆
任しておけ
自信満々に言ってみよう

リッカ（リッカリッカ） 使用頻度 ★☆☆
さあ
誘い出すときなどに使う

思わず出ちゃう編

アイッ 使用頻度 ★☆☆
しまった
驚いたときに思わず出る

アガー 使用頻度 ★★☆
痛い
「アガッ」とも言う

アキサミヨー 使用頻度 ★★☆
あれまあ・驚いた
悲しいときなどにも使う

食べる編

アチコーコー 使用頻度 ★★☆
熱い・ホカホカ
できたての料理など

ウサガミソーレ 使用頻度 ★☆☆
どうぞ召し上がれ
少し丁寧な言葉

カメー（カメーカメー） 使用頻度 ★★☆
食べなさい
カメーカメー攻撃なんてものも

クワッチーサビラ 使用頻度 ★☆☆
いただきます
年配者は今でも使用

クワッチーサビタン 使用頻度 ★☆☆
ごちそうさま
心を込めて言ってみよう

マーサン 使用頻度 ★★☆
おいしい
マーサイビーンとも言う

カリーサビラ 使用頻度 ★★☆
乾杯
泡盛でカリーサビラ！

食べ物編

アンダギー 使用頻度 ★★☆
油で揚げたお菓子
サーターアンダギーが有名

イリチー 使用頻度 ★☆☆
炒め煮・油炒め
チャンプルーとは少し違う

ウッチン 使用頻度 ★★☆
ウコン
ウッチン茶などがある

ウージ 使用頻度 ★☆☆
さとうきび
歌詞などにも登場する

クース 使用頻度 ★★★
古酒
泡盛の古酒を指す

シマー 使用頻度 ★☆☆
泡盛
居酒屋で注文するときに使う

ソーキ 使用頻度 ★★★
豚の骨付きあばら肉
いわゆるスペアリブ

チャンプルー 使用頻度 ★★★
炒め物
「混ぜこぜ」という意味も

ヒラヤーチー 使用頻度 ★★★
沖縄風チヂミ
「平たく焼いたもの」の事

魚編

アカマチ 使用頻度 ★★★
ハマダイ
フエダイ科の高級魚

アバサー 使用頻度 ★★★
ハリセンボン
市場でよく見られる

イマイユ 使用頻度 ★☆☆
新鮮な魚
食堂のメニュー名にも

イラブチャー 使用頻度 ★★★
ブダイ
アオブダイが有名

イラブー 使用頻度 ★☆☆
エラブウミヘビ
酒や汁物でも食べられる

グルクン 使用頻度 ★★★
タカサゴ
沖縄の県魚でもある

タマン 使用頻度 ★☆☆
ハマフエフキ
沖縄でよく食べられる魚

＼ 読めないときはこれを見て！ ／

沖縄県内41市町村読み方一覧

知らないと絶対に読めない沖縄の市町村名。カーナビの住所入力のときに活用を！

▶市郡（11市）

那覇市	なはし
宜野湾市	ぎのわんし
石垣市	いしがきし
浦添市	うらそえし
名護市	なごし
糸満市	いとまんし
沖縄市	おきなわし
豊見城市	とみぐすくし
うるま市	うるまし
宮古島市	みやこじまし
南城市	なんじょうし

▶国頭郡 くにがみぐん

国頭村	くにがみそん
大宜味村	おおぎみそん
東村	ひがしそん
今帰仁村	なきじんそん
本部町	もとぶちょう
恩納村	おんなそん
宜野座村	ぎのざそん
金武町	きんちょう
伊江村	いえそん

▶中頭郡 なかがみぐん

読谷村	よみたんそん
嘉手納町	かでなちょう
北谷町	ちゃたんちょう
北中城村	きたなかぐすくそん
中城村	なかぐすくそん
西原町	にしはらちょう

▶島尻郡 しまじりぐん

与那原町	よなばるちょう
南風原町	はえばるちょう
久米島町	くめじまちょう
渡嘉敷村	とかしきそん
座間味村	ざまみそん
粟国村	あぐにそん
渡名喜村	となきそん
南大東村	みなみだいとうそん
北大東村	きただいとうそん
伊平屋村	いへやそん
伊是名村	いぜなそん
八重瀬町	やえせちょう

▶宮古郡 みやこぐん

多良間村	たらまそん

▶八重山郡 やえやまぐん

竹富町	たけとみちょう
与那国町	よなぐにちょう

沖縄で「ハイサイ！」とあいさつすると、地元の人はとても喜ぶ。ちなみに、方言は本島、宮古、八重山など地域によっても少し違う

沖縄ならではの行事を楽しむ

沖縄年間イベントカレンダー

一年を通して沖縄でしか見られないイベントが盛りだくさん。
気になる行事やイベントに合わせて、旅行の計画を立ててもいいかも！

1月	2月	3月
桜の開花	**気分は春**	**気候が安定**
寒い日には気温が10℃まで下がるものの、中旬には桜が咲き始める。	黄砂交じりの春一番が吹けば、次第に春めき防寒具が不要になる。	日中は春らしくぽかぽかに。春休みに突入し、月の後半は観光客が増加。
`1月中旬～2月上旬`	`2月上旬～下旬`	`3月上旬～下旬`
もとぶ八重岳桜まつり	**プロ野球春季キャンプ**	**東村つつじ祭り**
日本一の早咲きを謳う桜まつり。約7000本ものカンヒザクラが咲き誇る。八重岳桜の森公園(本部町)	本島・離島を含め、例年国内9球団がキャンプイン。沖縄セルラースタジアム那覇(那覇市)ほか	約5万本ものつつじと、沖縄県北部・やんばるの豊かな自然を満喫。東村村民の森つつじ園(東村)

八重岳の山裾から山頂まで桜が咲く

沖縄セルラースタジアム那覇の球場

赤や白、ピンクのつつじが見頃に

旬のフルーツ
12～3月　タンカン

本部町伊豆味が名産地！

一年中いろんな楽しみ方があるね

7月	8月	9月
ベストシーズン到来	**旧盆前後はお祭り**	**台風シーズン**
夏真っ盛りの天候と気温が安定的に続く。海も空も青が美しい。	旧盆期間中は、街なかでエイサー道ジュネー(練り歩き)が行われることも。	続々とやって来る台風に要注意。束の間の晴れ間も、うだるような暑さ。
`7月中旬`	`8月中旬`	`8月下旬`
海洋博公園サマーフェスティバル	**塩屋湾のウンガミ (海神祭)**	**沖縄全島エイサーまつり**
約1万発の花火やステージコンサートなど、イベントが盛りだくさん。海洋博公園(本部町)	旧盆明け初亥の日と翌日、ハミンチュ(神人)が豊穣と無病息災を祈願する。塩屋田港・屋古・白浜の湾内(大宜味村)	伝統から創作まで、各地から様々な団体が集まり演舞を披露する沖縄県最大のエイサーまつり。コザ運動公園(沖縄市)ほか

エメラルドビーチに花火が上がる

国の重要無形民俗文化財に指定

三線、歌、太鼓のリズムが会場に鳴り響く

5～8月　マンゴー、パイナップル

7～9月　ドラゴンフルーツ

※伝統行事・イベント情報は原則として、例年の内容をもとにした2024年5月現在の情報です。
状況により、内容や開催時期は変更、延期、中止になる可能性がありますので、あらかじめご確認のうえお出かけください。

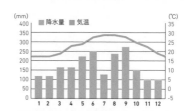

南国ムード満載の
天候も事前にCHECK！

ベストシーズンは4〜10月。日差しが強く、日傘
や帽子が必要。冬は平均約17℃と、他県と比べ
てそう寒くはないが、冷え込むこともあるので
上着があるとよい。8・9月は台風にも要注意を。

4月

いざ海開き
年間で最も気候がよく、上旬には各
ビーチで海開きが行われる。

3月上旬〜5月上旬

沖縄花のカーニバル
沖縄県の各地で行われ、花にちなんだ
イベントが開催される。（東南植物楽
園）ほか

©東南植物楽園

色とりどりのブーゲンビレアが咲き誇る

4〜6月　パッションフルーツ

5月

早くも梅雨入り
夏服でも快適なほど暖かくなるが、中
旬には梅雨シーズンに突入。

5月上旬

那覇ハーリー
豊漁や海の安全を願う爬龍（はりゅう）
船競漕は迫力満点。ステージイベント
もある。那覇港新港ふ頭（那覇市）

一つの船に約40人もの人が乗る
※2025年度より会場変更の可能性あり

5〜8月　マンゴー、パイナップル

キーツマンゴー
がおいしい！

6月

梅雨が明ける
例年23日の慰霊の日の前後に梅雨明
けを迎える。以降は気温が上昇。

6月上旬〜下旬

糸満ハーレー
子どもから大人までムラ単位で対抗、
競漕する糸満の伝統行事。海の男たち
による競漕が豪快。糸満漁港（糸満市）

旧暦の5月4日に開催される

6〜10月　アセロラ、島バナナ

10月

最後の海水浴
ビーチの遊泳期間は、基本10月末で
終了。朝夕がだんだん涼しくなる。

10月中旬

那覇大綱挽まつり
約1万5000人もの人々が、全長200m
の綱を引き合う。観光客も参加可能。
国道58号久茂地交差点（那覇市）

直径1.5mもの太さの綱を大勢で引き合う

6〜10月　アセロラ、島バナナ

11月

過ごしやすい気温
ようやく秋めき、天気も安定。冷える
こともあるので上着があると安心。

11月下旬

沖縄国際カーニバル
サンバや仮装のパレードなどは、国際
色豊かな沖縄市ならではのイベント。
コザゲート通り（沖縄市）

街なかでパフォーマンスを披露

10〜12月　シークヮーサー

和名は
ヒラミレモン

12月

アウターが必要
日照時間が短くなり、気温が下がる。
ジャケットやコートが必要に。

12月上旬

NAHAマラソン
歴史あるマラソン大会で、コースは那
覇から南部5市町村をめぐる。奥武山
運動公園競技場（那覇市）

約3万人の参加者が街を走る

12〜3月　タンカン

🔍 6月頃は、那覇・糸満以外にも各地でハーリーのイベントがある。伊江島や奥武島などの島でも開催されるので要チェック！

全食制覇にチャレンジ！

名物グルメガイド

これを食べなきゃ、沖縄の旅は始まらない！
独自の食文化がある、沖縄ならではの名物料理を思う存分楽しんで。

FOOD 沖縄そば

沖縄県民のソウルフード。豚骨やカツオでとったシンプルなスープが一般的。

ジューシー

> 沖縄そばとセットでよく注文される

沖縄流の炊き込みご飯。祝い事や法事に欠かせない、家庭で食べられる伝統料理。

フーチャンプルー

太い竹のような「車麩」を水で戻し、卵と野菜を入れて炒める。ポピュラーな料理。

ラフテー

> ご飯やお酒にベストマッチ！

豚肉料理の定番！ 泡盛で煮込むのが特徴。味付けはしょうゆやみそなど。

ポーク卵

こんがり焼いたポークランチョンミートと薄焼き卵は相性バツグン！

ゆし豆腐

NICE

ふわふわやわらかい食感。沖縄そばにのせた「ゆし豆腐そば」も人気が高い。

海ぶどう

サラダやお酒のつまみにも！ プチプチ食感と磯の香りがやみつきに。

グルクンの唐揚げ

沖縄県魚でもあるグルクン（タカサゴ）。唐揚げにすると、骨まで食べられる。

てんぷら

> てんぷら専門店でテイクアウト！

1個90円程度から購入でき、おやつとしても愛される。もちもちした厚い衣が特徴。

ヤギ汁

> 「山羊は方言で「ヒージャー」と言う」

祝い事のときに食べられるめでたい料理。匂いが強いので少しハードルが高い。

イラブー汁

かつては宮廷料理として食べられた伝統料理。ウミヘビは滋養強壮に効果あり！

ステーキ

海外産の肉を使う店が主流。基本的にビッグサイズが多く、満腹に。

調味料をちょい足ししてみよう！

本土ではなかなか見かけないけど、沖縄では定番の調味料を
ご紹介。料理に少し加えれば、ツウな沖縄の味を楽しめる。

コーレーグース

島唐辛子を泡盛に漬けたもの。
沖縄そばにちょっとかけて使う
のがツウ。かなり辛いので、初
心者はかけすぎ注意！

A1ソース

玉ねぎやリンゴを原料にした
ステーキソース。酸味が強く、
さっぱりと食べられる。ステー
キハウスには基本置いてある

シークヮーサー

沖縄を代表する柑橘類。サラダ
のドレッシングや、泡盛に搾っ
たりして使われる。搾り果汁を
そのまま飲むと目が覚める！

タコス、タコライス

B級グルメの代表格！ 名店を尋ねると
「キンタコ（キングタコス）！」と返ってくる。

ハンバーガー

> あふれそうなほど
> 具材がたっぷり

素材にこだわったバーガーが人気。一口
でかぶりつけないほどのデカさ。

SWEETS ぜんざい

甘く煮込んだ金時豆の上にかき氷が！
暑さで溶ける前にさっとたいらげたい。

ちんびん

黒糖風味の沖縄風クレープ。中国の正月
料理がもとで、おやつに食べられる。

サーターアンダギー

外はサクサク中はしっとり。せっかくな
らできたてアツアツの状態でパクッと！

ブルーシールアイス

> 塩ちんすこうや
> サトウキビ味も！

沖縄のアイスといえばこれ！ 30種以上
のフレーバーからレッツチョイス！

DRINK さんぴん茶

> すっきり爽やかな
> どこか懐かしい味

いわゆるジャスミンティー。コンビニや
自販機で必ずと言っていいほど。

シークヮーサージュース

ビタミンCとクエン酸がたっぷりのフレッ
シュジュース！ 居酒屋ではサワーで。

アセロラジュース

アセロラは本部町の特産品。万病対策の
ビタミンC補給に有効と言われる。

ルートビア

アメリカ発祥。沖縄でポピュラーな炭酸
飲料。A&Wではお代わりがフリー。

オリオンビール

沖縄県民の活力の源！ 軽い口当たり
で、暑い沖縄でもごくごく飲める。

泡盛

> 古酒（クース）は
> 少しお値段高め

宴会に欠かせないお酒。平均30度とア
ルコール度数が高いので飲みすぎ注意！

沖縄をもっとディープに！

カルチャーガイド

日本のほかの地域とは文化も習慣も異なる沖縄。
沖縄をより深く楽しむために、ちょっと予習を！

シーサー

「シーサー」は獅子の沖縄方言で、魔除けの獅子像のこと。建物の屋根や門の上に置かれ、悪霊を追い払う役目を担う。かつては集落の出入り口や寺院、城に置かれた。スフィンクスや日本の狛犬と同じく、古代オリエントが起源。

うちなータイム

約束の時間に遅れがちな、独特の時間感覚のこと。沖縄の人は時間にルーズだと言われ、約束の時間＝家を出る時間と認識しているとも。
飲み会の開始時間に誰もいないこともあるとか。

やんばる（山原）

沖縄県北部の森が広がるエリアを指す。このやんばるにしか生息しないのが、天然記念物のヤンバルクイナ。ほかにも多種類の珍しい生き物や植物が生息。

石敢當

「いしがんとう」と読む。中国伝来の魔除けの石碑で、邪気が集まりやすいT字路や三叉路、辻に立てられる。市中を徘徊する悪霊は石敢當にぶつかると砕け散るとされる。

キジムナー

ガジュマルやアコウなどの古木に住むと言われる精霊。その姿は諸説あるが、人間の子どものようで、身長は約1m、赤髪、赤い顔などと言われている。基本的に人間に悪さはせず、友達になると優しくしてくれる。でも、たまにいたずらをする事もあるとか。主食は魚。タコや人間の屁などを極端に嫌う。

旧盆

沖縄の年中行事の中で最も重視されるのが旧暦で行われるお盆。旧暦7月13日の祖先を招く「ウンケー（お迎え）」に始まり、14日は祖先と過ごす「ナカヌヒー（中日）」、15日が祖先を送る「ウークイ（お送り）」となる。各家庭ではお供え料理としてお盆のときだけに作られる特別料理が登場。ウークイの日には祖先を華々しく送るためにエイサーが行われる。

赤瓦屋根

沖縄の伝統建築に見られる。かつては灰色瓦が主流だったが18世紀頃から生産され、首里城などに用いられた。隙間を埋める純白の漆喰とのコントラストが美しい。

御嶽（うたき）

「うたき」は沖縄古来の信仰における聖域で、祭祀などを行う場所。神が訪れると考えられており、森や岩、泉など自然空間そのものの場合が多い。祖先を祀る場でもある。

エイサー

旧暦7月15日の旧盆に祖先を送るために行われる念仏踊り。三線と太鼓に合わせて、歌い踊りながら通りを練り歩く。お盆期間中は各所で連日エイサーが行われる。

外国人住宅

米軍基地関係の軍人や、その家族が住まう家として建てられた建物。現在、この外国人住宅を利用したカフェや雑貨店などが人気に。中部の港川外国人住宅が代表的。

ニライカナイ

水平線の彼方にある神々が住まう所。古来、沖縄の人々にとって海こそが豊穣や生命の源であり、台風などの脅威がやって来る場所でもあった。本土の天国の概念と似ている。

カチャーシー

お祝いの席などで踊られる、沖縄伝統の手踊り。両手を頭の上に挙げ、女性は手をパーに、男性はグーにして左右の手を交互に前後に動かす。ノリのよい音楽で気分もハッピーに。

グスク

沖縄をはじめとする南西諸島に数多く残る城塞遺跡。12～15世紀にかけて、各地の有力者によって盛んに築城され、本島に残る5つのグスクは世界遺産に登録。

アマミキヨ

琉球神話に登場する創世神。この女神によって五穀がもたらされ、琉球の島々は創り出されたとされる。最初に降臨したのが久高島で、現在も神の島として神聖視される。

ハーリー

龍をかたどった爬龍船（ハーリーブニ）競争のこと。海の安全と豊漁を祈願し、旧暦の5月4日に各地の漁港で開催。5月の連休に開催される那覇ハーリーが大規模。

闘牛

牛と牛が戦うスタイルで、相撲のように番付がある。発生期は定かではないが、農閑期の娯楽として生まれたと言われ、現在も旧正月を中心に各所で見ることができる。

かりゆしウエア

1970年頃に沖縄観光のアピールのため、ハワイのアロハシャツをモチーフに作られたご当地ウエア。ホテルやガイドなど観光関係者からはじまり、現在では官公庁でも広く浸透。

ハイビスカス

沖縄方言ではアカバナーという色鮮やかな花。街なかや屋敷の石垣の周辺など、至る所に咲く。死者のあの世での幸せを願い、墓地に植える風習もある。

ウメーシ

沖縄独特の、竹製のお箸のこと。全体の3分の1ほどの手に持つ部分が赤色で、残りが黄色に塗られている。沖縄そば店などでは、現在もウメーシを使っている所も多い。

おばあ

沖縄で愛されるおばあちゃん。自身の祖母以外もみんなおばあと呼ぶ。古くから母系社会の沖縄では最強の存在で、「おばあの言うことは絶対」らしい。

ガジュマル

古くから精霊が宿る木として知られる。熱帯～亜熱帯地方に分布する常緑高木で、高さは20mほどにもなる。推定樹齢300年の名護の「ひんぷんガジュマル」は国の天然記念物。

コーレーグース

本来はとうがらしの沖縄方言だが、現在は小粒の島とうがらしを泡盛に漬けた調味料を指す。沖縄そばの薬味に欠かせないほか、刺身やチャンプルーに加えるなど用途はさまざま。

島唄

もともとは鹿児島県奄美の民謡を指し、沖縄で歌われる民謡は「沖縄民謡」と言う。TVなどで沖縄民謡を指す言葉として「島唄」が使われ、本土ではそう呼ばれる。

アダン

タコノキ科の常緑小高木。一般に海岸林として密生。アダンの実はパイナップルによく似ているが、アクが強く食用には向かない。葉は民具などの材料にもなる。

ポーク缶

缶に詰めたソーセージのようなもので、戦後の食糧難の時代に米軍経由で分に入った。チャンプルーに入れたり、おにぎりの具にしたりと、今日の沖縄料理に欠かせない存在。

三線(さんしん)

弦楽器の一種。14世紀に中国から伝わった三弦が起源と言われる。音を出す胴の部分に蛇皮を張り、さおに張りわたした3本の弦を打ち鳴らして演奏する。

月桃

高さ2mほどのショウガ科の多年草。葉は香りがよく、さらに抗菌、防虫効果があり、化粧水から虫除け・防カビ等に広く使われている。餅やまんじゅうの包み紙としても利用される。

エンダー

ハンバーガーショップのA&Wのこと。1963年、北中城村に第1号店をオープン。これが日本初のファストフード店。ドライブインを日本で初めて導入し人気に。

琉球舞踊

琉球王国時代に確立された伝統芸能。王国の栄華を描き出した「古典舞踊」と沖縄芝居から生まれた「雑踊り」に区分される。三線の音楽で、華やかな衣装を着た女性が踊る。

ウミンチュ

漁師のこと。特に、南部の糸満漁夫は追い込み漁で世界的に活躍した。漢字で「海人」と書くのが一般的。この文字が書かれたTシャツが国際通りなどで売られている。

カラカラ

泡盛を入れる陶製の酒器。中に陶器の玉が入っており、泡盛が残っているかを確認するために器を振ると、カラカラと音がすることから名付けられたというが、諸説あり。

りんけんバンド

照屋林賢が率いる、沖縄出身バンド。結成は1977年。三線や島太鼓などの沖縄の伝統楽器に、ベースやキーボードなどをミックスした「沖縄ポップ」を確立。

台風

沖縄は台風が多い。年に約30も発生することも。一年で最も多い月は8・9月。夏場の絶好のビーチシーズンに台風が接近する。5・6月や10・11月は台風の接近回数が少ないベストシーズン。毎年襲来する台風をガードするため、昔ながらの屋敷には石や木を塀にして工夫が施されている。コンクリート造の建物が多いのも、台風の脅威を避けるため。

道の駅＆SA・PAも一目瞭然！

沖縄観光スポットドライブ早見表

主要な各観光スポットと最寄りのインターチェンジまでのアクセスを事前にチェック！途中の休憩は道の駅＆SA・PAへ。渋滞に注意して、計画的にドライブを楽しもう。

… 道の駅 やんばる パイナップルの丘 安波

みちのえき おおぎみ
道の駅 おおぎみ
大宜味村特産のシークヮーサー商品や、新鮮な野菜、フルーツなどを販売。

道の駅 ゆいゆい国頭
沖縄本島最北端の村にある。ヤンバルクイナモチーフの商品や特産品を扱う。

那覇空港から
約125km
約2時間

DRIVE CHART

那覇空港から
約95km
約1時間30分

辺戸岬

みちのえき きょだ
道の駅 許田
沖縄本島北部の農産物や特産品を扱う。フードコートやパーラーもある。

約60km
約1時間

約20km 約35分 古宇利島 約28km 約35分

約8km 約15分 瀬底島 約23km 約30分 許田IC

沖縄美ら海水族館

道の駅「ぎのざ」
朝日が見える道の駅。大型遊具や水遊び場が大人気！豊富な農産物がそろう。

みちのえき ぎのざ

約28km 約35分 ブセナ海中公園 約4km 約5分 宜野座IC

おんなのえき なかゆくいいちば
おんなの駅 なかゆくい市場
島野菜やフルーツなどを販売する直産市場。スイーツやB級グルメの店も。

那覇空港から
約55km
約55分

金武IC

約13km 約20分

伊芸SA
美しい海を一望できるSA。下り線には、全席オーシャンビューのレストランもあり。南国ムード満点。

いげい SA

約23km 約30分 万座毛 約6km 約15分 屋嘉IC

施設情報

上り	レストラン／ショップ／トイレ／自販機コーナー／電気自動車充電スタンド
下り	レストラン／ショップ／トイレ／自販機コーナー／電気自動車充電スタンド

みちのえき かでな
道の駅 かでな
展望場から嘉手納飛行場を一望できる。米軍グッズなども販売している。

約15km 約20分 石川IC

残波岬 約13km 約30分

約8km 約25分 やちむんの里 約12km 約25分 沖縄北IC 海中道路

約13km 約30分

約6km 約10分 沖縄南IC

美浜アメリカンビレッジ

約5km 約10分 **イオンモール沖縄ライカム** 約3km 約5分

約17km 約30分 北中城IC

那覇空港から
約10km
約30分

沖縄自動車道

海の駅 あやはし館
勝連半島から平安座島までを結ぶ、海中道路の中間にあるロードパーク。

うみのえき あやはしかん

約2km 約5分 首里城公園 西原IC

那覇空港から
約5km
約20分

約4km 約15分

国際通り 約5km 約15分 那覇IC ◎ 西原JCT

約5km 約20分

那覇空港自動車道（無料）

那覇空港 南風原北IC

約8km 約15分 **豊見城・名嘉地IC** 約15km 約30分

瀬長島ウミカジテラス 約6km 約15分 約13km 約25分 豊見城IC 南風原南IC 約16km 約30分 **斎場御嶽**

約6km 約10分

那覇空港から
約28km
約45分

約12km 約20分

ガンガラーの谷

約16km 約30分 **平和祈念公園** 約7km 約15分

那覇空港から
約20km
約35分

なかぐすく PA
中城PA
上り線は日本最南端のPA。世界遺産の中城城跡からも近い。下り線では人気店「玉家」の沖縄そばが味わえる。

施設情報

上り	スナックコーナー／ショップ／トイレ／自販機コーナー／電気自動車充電スタンド
下り	スナックコーナー／ショップ／トイレ／自販機コーナー／電気自動車充電スタンド

交通ルールを守って安全に！

みちのえき いとまん
道の駅 いとまん
日本最南端の道の駅。5施設の建物があり広さは県内最大級。新鮮な魚介も扱う。

みちのえき とよさき
道の駅 豊崎
日本最西端の道の駅。マンゴーやトマトなど地元の特産品を多数販売する。

ハレ旅 HARETABI

旅が最高のハレになる

沖縄

OKINAWA

本書をご利用になる前に

【データの見方】

- ♠ 住所
- ☎ 電話番号
- ◉ 営業時間(オープンからラストオーダーおよび入館締め切り時間までを表記しています。また、店の都合により閉店が早くなることもあります)
- ㊡ 盆休み、年末年始などを除く定休日
- ㊟ 大人の入場料、施設利用料、宿泊料金

- ◎ 最寄り駅や最寄りICなどからの所要時間
- 🚗 駐車場の有無(有料の場合は(有料)と表記しています)
- 料金 宿泊料金
- IN チェックイン時間　OUT チェックアウト時間
- ▶MAP 別冊地図上での位置を表示

【ご注意】

本書に掲載したデータは2024年4～5月現在のものです。内容が変更される場合がありますので、事前にご確認ください。祝日や年末年始の場合など、営業時間や休み等の紹介内容が大きく異なる場合があります。時間や休みは原則として、通常の営業時間・定休日を記載しています。料金は、基本的に取材時点での税率をもとにした消費税込みの料金を記載しています。消費税別の場合は(税別)と表記しています。ホテル料金は2名1室利用の場合の1名あたりの最低料金を記載していますが、サービス料などは各ホテルにより異なります。本書に掲載された内容による損害等は弊社では補償しかねますので、あらかじめご了承ください。

CONTENTS

沖縄でしたい90のこと

取り外せ
詳細MAP

☑ やったことにCheck!

TOWN

＼スマホやPCで！／
購入者限定
ハレ旅 沖縄
電子版が無料！
FREE

無料アプリ honto で今すぐダウンロード

詳しくは→P.160

BEST PLAN
01

どこで何ができるの？

夢を叶えるエリアをリサーチ

南北に細長くのびる地形の沖縄。エリアごとに個性豊かな特色がある。
それぞれのエリアの位置関係を押さえて、効率よく回ろう！

人気No.1の水族館ココにあり！
沖縄美ら海水族館周辺 >>>P.140

エリアの中心は、沖縄美ら海水族館がある本部町。天然ビーチや亜熱帯植物が生い茂る森など、自然豊か。古宇利島などの離島や名店ぞろいのそば街道も外せない。

ジンベエザメが泳ぐ沖縄美ら海水族館の大水槽

ビーチとホテルでリゾート感を満喫
西海岸リゾート >>>P.136

海岸線沿いにリゾートホテルが立ち並ぶ、リゾートエリア。ビーチはマリンアクティビティが充実。海絶景の景勝地が多く、読谷村には工房が集まるやちむんの里も。

沖縄屈指の絶景地、万座毛

なんでもそろう沖縄の中心地！
那覇・首里 >>>P.120

那覇空港があるエリア。メインストリートの国際通りや沖縄の食材や雑貨が並ぶ市場は人でにぎわう。琉球王国時代の面影を残す首里の城下町など、見どころ満載。

国際通りのスクランブル交差点。脇にヤシの木が

沖縄美ら海水族館

沖縄美ら海水族館周辺

🚗車で約90分

リゾートホテル

西海岸リゾート

中部

🚗車で約60分

🚗車で約40分

那覇・首里

🚗車で約35分

南部

平和祈念公園

4

OKINAWA MAP

地域カラーが異なる沖縄を、6つのエリアで紹介。北から南までは車で2時間以上かかるので、移動の際はアクセスを要チェック！

大石林山

やんばる

🚗 車で約120分

知っ得 沖縄の基礎知識

■ 東京から	約2時間45分
■ 主な交通手段	レンタカー、ゆいレール、路線バスなど
■ ベストシーズン	4〜10月
■ 予算	1日1万円〜
■ 面積	約2281km²
■ 人口	146万9169人（2024年4月1日現在）
■ 観光客数	823万5400人（2023年）
■ 県花	でいご
■ 県鳥	ノグチゲラ
■ 島の数	有人・無人合計691島

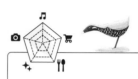

自然いっぱいのネイチャースポット
やんばる >>>P.146

沖縄本島最北部。面積の約80%が森林。巨岩奇岩やマングローブで自然の驚異を体感できる。ヤンバルクイナなど希少な生物も多く生息し、観察ツアーなどもある。

上：マングローブ林　下：トレッキング風景

アメリカ文化のちゃんぷるーエリア
中部 >>>P.130

米軍基地が点在。そのため、沖縄とアメリカの文化を融合した料理や建物が多く見られる。海中道路を車で渡った先の小さな離島には、昔ながらの沖縄の原風景が残る。

上：アメリカンビレッジ　下：アメリカ風な通り

絶景がいっぱいの人気エリア
南部 >>>P.126

神話が息づく聖地・斎場御嶽や、秘境・ガンガラーの谷、戦跡が残る平和祈念公園など、特色豊かな文化のあるエリア。最近は海を望む絶景カフェが話題を呼んでいる。

上：ガンガラーの谷　下：ひめゆりの塔

タウン別バロメータ

これを見れば何がイチオシか早分かり！エリアの特性をつかもう。

🎵	遊ぶ
🛒	買う
🍴	食べる
✨	磨く
📷	観光する

🌿 沖縄では、沖縄本島北部の、山や森林などの自然が多く残っている地域を「やんばる」と呼ぶ。漢字では「山原」と書く

5

王道2泊3日のモデルコースで
沖縄を200%楽しむ

到着！まずは 那覇・首里エリアを制覇

那覇空港に到着したら、まずは那覇市の周辺をぶらぶら。観光に買い物にグルメに、行きたい所が盛りだくさん！

1日目

AM

9:30 那覇空港
🚗 車約15分

10:00
◎ **瀬長島 ウミカジテラス**
→P.125
＜所要約2時間＞

🚗 車約30分

PM

1:00
② **首里城公園**
→P.102
＜所要約1.5時間＞

🚗 車約20分

3:00
国際通り周辺
＜所要約5時間＞
- ③国際通り
 →P.90
- ④cafe プラヌラ
 →P.122
- ⑤国際通り屋台村
 →P.121

LUNCH ①南欧風リゾートでランチ＆ショッピング 🚶

空港からすぐの瀬長島にあるおしゃれスポット、ウミカジテラスでまずはランチ。

SIGHTSEEING

②世界遺産・首里城公園で琉球王国を知る

沖縄を象徴する遺産を訪ね、今も息づく王国時代の文化にふれる！

POINT
首里城公園内は約10haと広く、現在は正殿など一部区域を除き見学が可能。>>>P.102

SHOPPING

③うちなーフードに作家メイド、何でも集まる国際通り！

飲食店にみやげ物店など、あらゆる店が集まる那覇のメインストリートを散策。

県内作家の作品を集めた陶器の店も。

人気作家のやちむんに出会えるかも

POINT
沖縄各地のみやげがそろい、品ぞろえも豊富。ここではおみやげを攻めるのが吉！

DINNER ⑤夜はまだまだ！ 楽しくはしご酒

夜遅くまで営業する店が多いのも那覇ならでは！ 屋台村もあってワイワイ盛り上がる！

🚶↓ 🚶↑

CAFE ④ティータイムはカフェでのんびり

国際通りからひと足のばした裏通りには、まったりできるおしゃれカフェが多数！

にぎやかな雰囲気が楽しい！

旅を最大限に楽しむため、どこをどういう順番で回るか、スケジュールが重要。モデルコースを参考に計画を立てよう。

沖縄本島のめぐり方

本島での移動手段は6つで、最も便利なのは車（レンタカー）。ただし、那覇市内はゆいレール、空港から中部〜西海岸エリアのリゾートホテルまでは空港リムジンバスを使うなど、上手に組み合わせてみよう。

主な移動手段
◎ ゆいレール　◎ レンタカー　◎ タクシー
◎ シャトルタクシー　◎ 路線バス　◎ 空港リムジンバス

沖縄の美ら海を まるっと遊び尽くす!!

翌日は那覇から西海岸リゾートエリアにかけてドライブ！ 人気スポットの沖縄美ら海水族館から絶景スポットまでを満喫。

2 日目

SIGHTSEEING

⑥沖縄美ら海水族館で海の生き物観察

POINT
多くの観光客が訪れるが、午前中のほうが比較的すいている。時間があれば海洋博公園も。

沖縄のハイライトの一つ。ジンベエザメが泳ぐ大水槽「黒潮の海」は時間を忘れるほどの美しさ。

SIGHTSEEING

⑦フクギ並木でのんびり散歩

ゆったりとした時間が流れる並木道を、水牛車にゆられてお散歩。これぞ、うちなータイム！

LUNCH

⑧沖縄そばを食べに行く！

そば街道は名店ぞろいさ〜

沖縄そばの激戦区、本部そば街道へ！ 人気店の石くびりで沖縄そばランチ。

ACTIVITY

⑨エメラルドブルーの海でマリンスポーツ

透明度の高い西海岸の海で念願のビーチ遊び！ シュノーケリングにも挑戦。

POINT
ダイビングショップのシュノーケリングツアーは所要2〜3時間くらい。ツアーに参加するには事前に申し込みが必要。

SIGHTSEEING

⑩万座毛で感動のサンセット！

絶景スポット、万座毛でロマンチックな夕景にうっとり…。

POINT
日の入り時間は季節によって異なるので事前にチェックしよう。

STAY

⑪せっかくならリゾホにお泊まり

読谷村から名護市の間の西海岸に点在する、ラグジュアリーなリゾートホテルが狙い目！

2 日目

AM

9:00
⑥沖縄美ら海水族館
→P.14
＜所要約2.5時間＞
 車約3分

PM

12:00
⑦備瀬のフクギ並木
→P.140
＜所要約30分＞
車約15分

1:00
⑧石くびり
→P.145
＜所要約1時間＞
車約1時間

3:30
⑨シュノーケリング
→P.95
＜所要約2.5時間＞
車約25分

6:00
⑩万座毛
→P.98
＜所要約30分＞
車約30分

7:00
⑪星のや沖縄
→P.32

ホテル選びも重要なポイント！

AM

8:00
⑫ Hawaiian
Pancakes House
Paanilani
→P.52
＜所要約1時間＞

🚗 車約30分

9:30
⑬ やちむんの里
→P.138
＜所要約2時間＞
🚗 車約40分

PM

12:00
⑭ 港川外国人住宅
→P.130
＜所要約2.5時間＞

[oHacorté] 港川本店
└ →P.130

PORTRIVER MARKET
└ →P.131

🚗 車約35分

3:00
⑮ Cafe やぶさち
→P.128
＜所要約1時間＞
🚗 車約40分

5:00
⑯ Tギャラリア
沖縄 by DFS
→P.81
＜所要約1.5時間＞
🚗 車約20分

7:00
那覇空港

最後の最後まで
南国リゾートを満喫♡

最終日はおみやげ探しに気合いが入る！
伝統工芸のやちむんから免税店まで、
買い物スポットめぐりをしながら空港へ。

MORNING

⑫大人気のパンケーキで 朝からごきげん！

ハワイアンカフェは沖縄でもブーム。ヘルシーな朝食をいただきます！

おいしい朝食で一日をスタート！♪

SHOPPING

⑬かわいいやちむんを買い占め！

読谷村にある「やちむんの里」で沖縄みやげの定番、やちむんを自分みやげに！

POINT
やちむんの里は、複数の工房が集まり、ギャラリーやショップめぐりができる。時間があれば、おしゃれなカフェで休憩を。

さまざまな作品がそろう「読谷山焼 北窯売店」　伝統柄の魚紋がシブイ「宮陶房」のお皿

個性的な柄が見つかる「ギャラリー山田工房」

LUNCH **SHOPPING**

⑭おしゃれショップが いっぱいの外国人住宅へ

かつて在日米軍が住んでいた「外国人住宅」を利用したおしゃれなショップ＆カフェをはしご！

休憩にぴったりのカフェや食事処も多数

セレクトショップで個性派雑貨をゲット

CAFE

⑮観光のシメは ビーチ沿いの海カフェ

絶景自慢のカフェで沖縄の海を目に焼き付ける！南部にはロケーション抜群の海カフェが多数。

スイーツやジュースでひと休み

リッチなドリンクも販売

SHOPPING

⑯最後は免税店で 自分みやげを購入！

おみやげ探しもラストスパート！パスポートなしで免税品を買えるDFSへ。

POINT
Tギャラリア沖縄 by DFSで買ったものは、空港の免税品カウンターで受け取る。

約150のブランドが全部免税価格で買える

＋半日あるなら…？

もっともっとアクティビティ！

時間があればぜひ挑戦したいのが、海や森でのアクティビティ体験！　基本的に事前予約が必要。

SEA
［海で！］
着替えや準備、体験後の休憩の時間も計画に入れて楽しもう！

フライボード
→ P.94

海上の空中散歩を楽しめるダイナミックなアクティビティ！

海の生き物とふれあう
→ P.18、20

ファミリーにおすすめのふれあい体験。泳げなくても大丈夫。

FOREST
［森・林で！］
森のアクティビティは沖縄北部のやんばるエリアに多い

カヤック
→ P.100

ツアーに参加して、マングローブの森の中をカヤックでクルージング！

トレッキング
→ P.147

アクティブ派におすすめ。所要1〜3時間ほどで森林浴が楽しめる。

＋1DAYあるなら…？

車やフェリーですぐの離島に上陸！！

沖縄本島の周りには、一日中遊べてホテルもある離島が多数！

古宇利島
→ P.142

海上を走る絶景の古宇利大橋でアクセス。ビュースポットもたくさん。

CAFE

t&c とうらく
ティーアンドシー とうらく
テラス席から古宇利大橋と伊江島を一望するカフェ。

🏠 今帰仁村古宇利1882-10
☎ 0980-51-5445　🕙 10:00
〜17:30　㊡水曜・不定休
許田ICから約28km　🅿あり

沖縄美ら海水族館周辺
▶ MAP 別P13 E-1
>>>P.143

ぜんざいかき氷
750円

上：ティーヌ浜の「ハート岩（ロック）」
下：古宇利大橋

伊江島
→ P.145

本部港からフェリーに乗ってわずか30分！　展望台やビーチもある。

島の名産品を手に入れよう

落花生や島らっきょうが有名

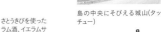

さとうきびを使ったラム酒、イエラムサンタマリア

島の中央にそびえる城山（タッチュー）

ハレ旅 OKINAWA

HARETABI NEWSPAPER

新たな大型テーマパークやホテルがオープンし、最新情報から目が離せない沖縄。今が旬のスポットをチェックして、旅をもっと充実させよう！

TOURISM

話題のテーマパークのオープンラッシュが止まらない！

最新のエンタメを体験しよう！

ついに情報解禁された北部の大型テーマパークや、最新技術を駆使した施設が続々登場。沖縄旅のエンタメ情報をアップデート！

2025年OPEN予定

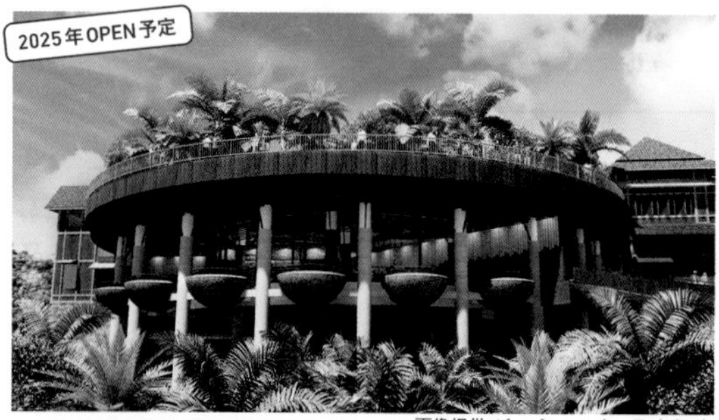

画像提供:ジャパンエンターテイメント

大自然と融合した大型テーマパーク

JUNGLIA

ジャングリア

沖縄の大自然を体感できる大型テーマパーク。最新技術を駆使した数十を超えるアトラクションが登場予定で、早くも話題になっている。

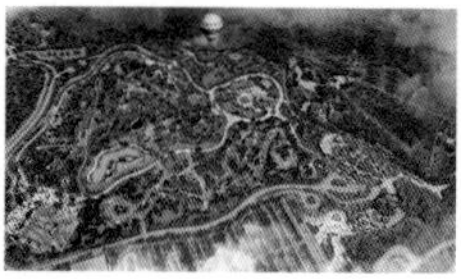

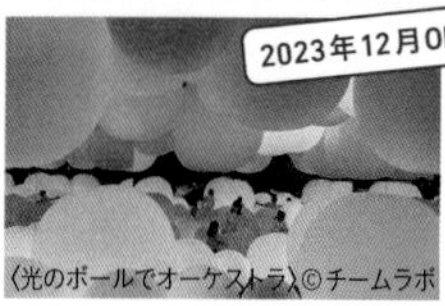

〈光のボールでオーケストラ〉©チームラボ

2023年12月OPEN

"共創"がコンセプトの常設展

チームラボ 学ぶ！ 未来の遊園地 沖縄

チームラボ まなぶ！ みらいの ゆうえんち おきなわ

チームラボが監修する共同的な創造性、共創をコンセプトにした年代問わず楽しめる教育的なプロジェクト。

🏠那覇市おもろまち4-1 Tギャラリア 沖縄 by DFS 3F ☎0120-782-460 ㊎10:00～20:00 ㊡毎月第3木曜 ㊑2000円(チケットは事前購入制) ㊯ゆいレールおもろまち駅からすぐ 🚗Pあり

那覇 ▶MAP 別P19 D-1

2024年4月OPEN

ミニチュア×ARの新体験！

Little Universe OKINAWA

リトルユニバース オキナワ

1/80スケールの首里城などのミニチュアと、ARや最新技術が融合した新感覚ハイブリッドエンタメ施設。

🏠豊見城市豊崎3-35 イーアス沖縄豊崎アクアリウム棟3F ㊎10:00～19:00(土・日曜、祝日は11:00～) ㊡無休 ㊑2800円 ㊯豊見城・名嘉地ICから約4km 🚗Pあり

南部 ▶MAP 別P4 A-1

EAT

沖縄"だから"味わえるイチオシ南国スイーツ

定番スイーツの進化形！

沖縄に来たら絶対に食べておきたい最旬スイーツ！ サーターアンダギーや、沖縄らしいフレーバーを使用したプリンなど、要チェック。

2023年8月OPEN

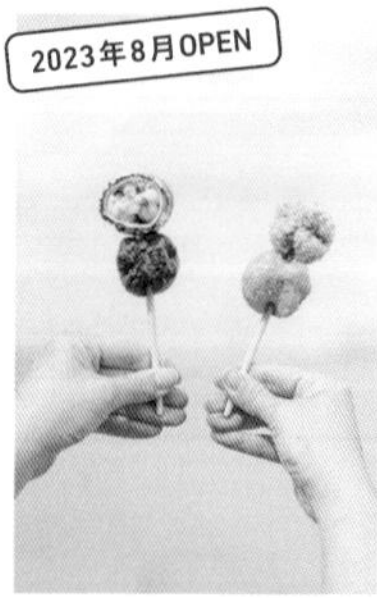

ころんとしてかわいい！

De:

デコロン

沖縄素材を使用したミニサイズのサーターアンダギー専門店。海が見えるテラス席があり、テイクアウトも可能。

🏠豊見城市瀬長174-6 ウミカジテラス No.45 ☎080-7818-7884 ㊎11:00～20:30 ㊡無休 ㊯那覇空港から約6km 🚗Pなし

那覇 ▶MAP 別P18 A-3

2023年4月OPEN

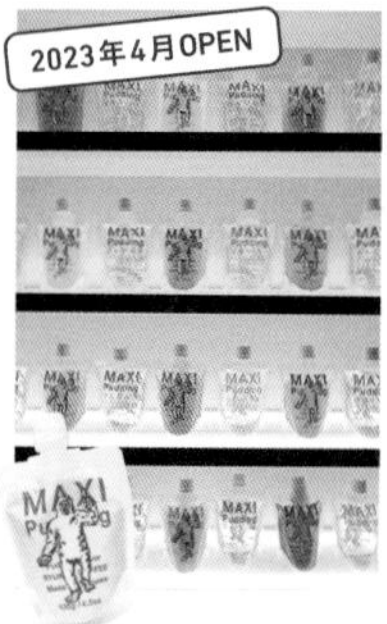

とろける食感が癖になる

MAXI PUDDING

マキシプリン

冷蔵庫の見た目がユニークなプリン専門店。サトウキビ、さんぴん茶など、沖縄ならではの味が楽しめる。

🏠那覇市牧志1-2-32 ☎098-963-9636 ㊎11:00～売り切れ次第終了 ㊡無休 ㊯ゆいレール県庁前駅から徒歩約5分 🚗Pなし

那覇 ▶MAP 別P20 C-3

STAY
非日常ステイで癒やされる
注目ホテルが登場

個性によってホテルが選べる！
ステイを彩る個性豊かなホテルが登場！ 情報を事前にチェックして、沖縄ステイを満喫♪

2024年4月OPEN

全室オーシャンビュー！
STORYLINE 瀬長島
ストーリーラインせながじま

那覇空港の滑走路を一望するインフィニティプールや、屋外温泉スパを楽しめるホテル。

🏠豊見城市字瀬長155-1
☎098-988-0109
⊕那覇空港から約6km
🚗Pあり

| 料金 | 1泊朝食付き9930円〜 |
| IN | 15:00 OUT 11:00 |

那覇 ▶MAP別P18 A-3

2023年8月GRAND OPEN

沖縄のアートと自然に出合う！
TWIN-LINE HOTEL YANBARU OKINAWA JAPAN
トゥインライン ホテル ヤンバルオキナワジャパン

北部西海岸にライフスタイルホテルが誕生！ フリーラウンジとエンタメスペースが充実。今夏、新棟完成予定。

🏠名護市幸喜108
☎0980-53-0330 ⊕那覇空港から
約67km 🚗Pあり

沖縄美ら海水族館周辺
▶MAP別P11 D-2

TOURISM
沖縄ブルーを満喫できる
海アクティビティで遊び倒す！

潮風が気持ちいい！
沖縄といえば海アクティビティ！ 時期によって営業時間が異なることもあるので、事前に調べて存分に遊ぼう。

2023年7月OPEN

絶景のワルミ海峡を爽快クルーズ♪
Beryl the ride
ベリル ザ ライド

FIFI PARLORというカフェから出発し、手つかずの自然に囲まれたワルミ海峡をボートで遊覧。

🏠名護市呉我1335-4 ☎080-6481-5498、公式Instagram@beryl_the_ride ⊕9:00〜 ¥3000円〜 ⊕許田ICから約15km 🚗Pあり

沖縄美ら海水族館周辺 ▶MAP別P13 E-2

2024年4月OPEN

安全＆気軽にサーフィン体験
ウェイクサーフィン沖縄
ウェイクサーフィン おきなわ

沖縄唯一のウェイクサーフィン専門ショップ。専用のボートで波を作り、初心者でも楽しめる！

🏠出港場所:宜野湾マリーナ、運営会社:豊見城市真玉橋584 ☎098-987-9066 ⊕9:00〜17:00 ⊕不定休 ⊕要問い合わせ ⊕宇地泊ICから車ですぐ 🚗Pあり

那覇 ▶MAP別P19 D-3

HOW TO
沖縄の「4つ」の事件簿

太陽の下で思いっきり遊びたい！
そんな開放的な気分でも、アクシ
デントには万全の注意を。

🔍 「遊ぶ」事件ファイル

**痛い…日焼け止めを塗ったのに
ビーチで1日遊んだら大変なことに！**

海に行くから日焼け対策は当然！って日焼
け止めクリームを塗っていたのに、気がつ
いたらこんがり焼けていた！

解決！ 沖縄の紫外線は北海道の約2倍 日焼け対策は万全に！

南国・沖縄の紫外線は本州
や北海道よりも強烈！　日焼
け止めはウォータープルーフ
タイプを。完全防備するなら
ラッシュガードがおすすめ。

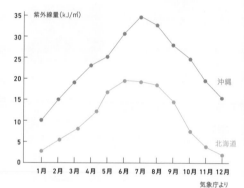

紫外線量（kJ/㎡）

沖縄

北海道

1月 2月 3月 4月 5月 6月 7月 8月 9月 10月 11月 12月

気象庁より

ホテル直結のリゾートビーチP.20もCHECK!

🔍 「食べる」事件ファイル

**食堂に入ったけど、
メニューの意味が分からない！**

地元の食堂で、いざローカルフードを！
と思ったら、メニューに異国の言葉のよ
うな知らないワードがたくさん…。

解決！ 沖縄の方言を覚えよう！

◎ すば　　　　　➡　そば

◎ 中身（なかみ）➡　豚のモツ

◎ てびち　　　　➡　豚足

◎ チラガー　　　➡　豚の顔の皮

◎ ヒージャー　　➡　山羊

◎ マース　　　　➡　塩

◎ アーサ　　　　➡　アオサ

◎ フーチバー　　➡　ヨモギ

◎ ナーベラー　　➡　ヘチマ

◎ ムーチー　　　➡　餅

沖縄方言ガイド別冊P.24もCHECK!

OKINAWA CASE FILES

🔍「買う」事件ファイル

しくじった！
初日にやちむんを大量買い…

宿泊するホテルまでの移動中、やちむんの工房が集まるやちむんの里に立ち寄り。ついつい買い込んでしまったけど、かさばるし、明日もホテルの移動があるのにどうしよう！

解決！ 購入店やホテルからの発送がオススメ！

宅配便なら重い荷物を持ち帰る必要もなく、きちんと梱包できるので安心。ホテルのフロントでもお願いできることが多い。

値段の目安（沖縄→関東の場合）

2kg以内 ➡ 約1500円

5kg以内 ➡ 約2000円

10kg以内 ➡ 約2700円

やちむんの里 P.72、138もCHECK！

🔍「観光」事件ファイル

国際通りが通れない！
トランジットモールって何…？

ドライブ中、那覇のメインストリートである国際通りが通行止め！ 昨日は通れたのにどうして？？

解決！ 国際通りのルールを把握しよう

いつも旅行者でにぎわう国際通りには、実は歩行者天国の時間が設けられていて、その時間、車は進入できない。そのほか知っておくと便利な情報は下の2つ！

その1 トランジットモールって？

歩行者天国のこと。毎週日曜日の12〜18時に、国際通りの県庁北口交差点から蔡温橋交差点の間で実施される。

その2 一方通行に注意

通勤時間である平日の朝と夕方は、渋滞を避けるため道路の片側がバス専用レーンになる。

国際通り P.90、120もCHECK！

沖縄県内で人気No.1スポット!

沖縄美ら海水族館を全制覇!

「美ら海」とは沖縄の方言で「清らかな海」のこと。県内屈指の人気スポットはかなり広いので、3つのポイントに絞って見学すれば見どころを網羅できる。魚類最大のジンベエザメ、カラフルな熱帯魚たち…。幻想的な海洋世界に浸ろう。

最大級

黒潮の海の水槽の大きさ

深さ10m、幅35m、奥行27mの圧倒的な大きさ。アクリルパネルの厚さは60cmにもなる。

背中側が斑点模様に覆われている

世界一

ジンタの全長

ジンタという名のジンベエザメは飼育されている生き物の中で世界最大!全長はなんと8.8m

黒潮の海

水族館で最も人気のある巨大水槽

ジンベエザメ

熱帯地域などに生息する巨大なサメ。動きは緩やかで大人しい性質

フルで楽しむ
POINT
1

「黒潮の海」をいろんな角度から見る

水族館内で一番人気の水槽! 悠々と泳ぐジンベエザメと約70種7200点もの海の生き物たちをさまざまな所から眺めよう。

正面から見る!

C シャークスタンド

「黒潮の海」の水槽の正面奥、上段にある全56席のスタンド。「黒潮の海」の全体を真正面から眺められる絶好の撮影スポットでもある。シートに座ってくつろぎながら、海の美しさを体感しよう。

水槽の中層を見る!

A 美ら海シアター

席に座って観覧窓から「黒潮の海」の中層を眺められる。ジンベエザメが横ぎっていくシーンは迫力満点。

下から見る!

B アクアルーム

透明なアクリルパネルの半ドーム型の観覧面。さまざまなアングルで眺めることができ、まるで海底を歩いているような気分。頭上を泳ぐジンベエザメやマンタのお腹を見上げられる。

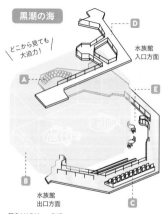
黒潮の海

どこから見ても大迫力!

D
水族館入口方面
E

A

B
水族館出口方面

C

館内MAPは>>>P.17

ナンヨウマンタ
エイの仲間では最大級。主に小さなプランクトンを餌としている

世界初

マンタの出産
2007年に、飼育下におけるナンヨウマンタの出産に世界で初めて成功した

🕐 所要:約2時間

沖縄屈指の観光スポット
沖縄美ら海水族館
おきなわちゅらうみすいぞくかん

約710種もの海の生き物を展示し、世界一や世界初の記録を多数持つ水族館。魚類最大のジンベエザメが泳ぐ、巨大水槽「黒潮の海」は必見。

🏠本部町石川424 国営沖縄記念公園（海洋博公園）内 ☎0980-48-3748
🕐8:30〜17:30 ※延長期間は公式HPを確認 🈺公式HPを確認 💴2180円
🚗許田ICから約27km 🚙Pあり
沖縄美ら海水族館周辺 ▶MAP 別P12 C-1

HIGHLIGHT

沖縄美ら海水族館

ビーチ

フォトスポット

スイーツ

みやげ

離島

スパ＆ホテル

上から見る！

黒潮探検
（水上観覧コース）
「黒潮の海」を水上デッキから眺める人気のコース。アクリルガラスの床越しに、ジンベエザメが泳ぐ様子を上から覗き込める。この場所へは1階にある専用エレベーターから上ることができる。

観覧TIME
8:30〜11:00、17:30〜閉館
※入場締め切りは各15分前

✿ WHAT IS

押さえておきたいポイント

当日に限り、何度でも再入館が可能
入館券提示で当日のみ再入館が可能。朝と夕に訪れれば、違った雰囲気を楽しめる。

公式アプリ「海洋博公園×沖縄美ら海水族館」が便利！
来館中にアプリの「案内モード」機能をONにすると各水槽紹介が自動で表示されるなど、タイムリーな情報が届く。多言語（日・英・繁・簡・韓）に対応。混雑情報やイベント情報、展示のお知らせも確認できる便利なアプリ。来館前にダウンロードしておこう。

大きな荷物は施設内のロッカーへ
入口ロビーにあるロッカーを有効活用しよう（8:30〜入館締め切りまで利用可。特大500円、大型300円、小型100円）。

P7立体駐車場が水族館に一番近い
海洋博公園内の駐車場（無料）は全部で9カ所。水族館への最寄りはP7。目的地に近い場所を選ぼう。　>>>P.19

カフェ
「オーシャンブルー」
ジンベエザメを横目に、スイーツや美ら海カレーなどの軽食をいただける。水槽際のテーブル席が特等席！真横に「黒潮の海」を眺めながら、贅沢なカフェタイムを過ごそう。
🈺公式HPを確認

カフェから見る！

美ら海カレー（ソフトドリンク付）1800円

フルで楽しむ
POINT 2

人気水槽の魚たちを じっくり見る

4階建ての水族館の入り口は3階。入り口から1階の出口まで、必ず見ておきたい水槽＆魚たちをチェックして進もう！

ツノダシ
長い背びれがゆらゆらゆれるのがかわいい

メガネモチノウオ
全長2mもの大きさになる、ベラの仲間
前頭部の大きなコブが特徴

「熱帯魚の海」ではカラフルな魚たちが泳ぐ

🄰 イノーの生き物たち

イノーは沖縄の方言で"サンゴ礁に囲まれた浅い海"のこと。カラフルなヒトデやナマコなど、浅瀬に棲む生き物たちを観察することができる。

コブヒトデ
背面のコブのような突起が特徴的なヒトデ

ヒトデやナマコを間近で観察できる
館内に入ってすぐにあるプール。海の生き物をじっくり観察しよう。

分厚く重厚な体型が特徴

🄱 サンゴの海

展示されているおよそ80種460群体の造礁サンゴの中には、10年以上飼育しているものも。

ナンヨウハギ
サンゴ礁域の岩礁に生息する

コバルトブルーの美しい体

自然に近い状態で生きたサンゴを飼育
飼育員が本部町の海に潜り見たサンゴ礁の風景を再現。水族館の目の前の海から新鮮な海水を供給しているので、サンゴにとって快適な環境。

館内MAP

「黒潮の海」MAPは >>>P.14

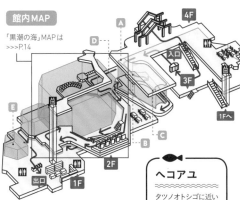

D サンゴ礁への旅 個水槽

サンゴ礁に生息する小型の生き物を水槽で紹介。イセエビ類を集めた水槽や、海草藻場に暮らす生き物を展示した水槽がある。

ヘコアユ

タツノオトシゴに近い仲間

普段は頭を下にした逆立ち泳ぎをする

チンアナゴ＆ニシキアナゴ

黒い斑点があるのがチンアナゴ。ニシキアナゴは白と黄色の縞模様が特徴

後半身は砂に入り、頭と体の上部を外に出している

側面に黒い斑点があるのが特徴

C 熱帯魚の海

色とりどりの熱帯魚が暮らす水槽。明るい浅瀬から暗い洞窟まで、サンゴ礁の複雑な地形を再現。

給餌TIME
約15分
13:00・15:30

時間によって表情を変える水槽

屋根がないため、自然光が差し込むことで水槽の見え方が時間によって異なる。朝一番が最もクリア！

カクレクマノミ

映画でも有名なクマノミ。イソギンチャクと共生し、外敵から身を守ることで知られている。間に隠れていることも

E 深層の海

水深200m以深の、暗い深海の世界を再現。「深層の海」では約40種を展示。ハマダイやハコエビ、ノコギリザメなど興味深い展示ばかり。

ノコギリザメ

長く突き出した口にノコギリ状に歯が並ぶ、珍しい深海のサメ

沖縄諸島沿岸の砂泥底に生息

水族館オリジナルのおみやげを買う

フルで楽しむ
POINT
3

沖縄美ら海水族館限定商品もあり！かわいいオリジナルグッズをチェックしよう。

ジンベエザメ帽子 ￥2500
ふわふわな手触りのぬいぐるみ

スタンドペンケース ￥1980
後ろ姿もかわいいファスナー付きのペンケース

ぬいぐるみ（ベビーシリーズ） 各￥1650
ジンベエザメ・ウミガメ・マナティーの3種。振ると鈴が鳴る

ショップ「ブルーマンタ」

隣接する美ら海プラザ内にあるショップ。水族館オリジナル商品を多数取りそろえており、お気に入りの商品がきっと見つかるはず。

BLUE MANTA

個人の記念撮影であれば、館内での撮影は自由。ただし、三脚や自撮り棒など、ほかの人の邪魔になる道具は使用不可

HIGHLIGHT

沖縄美ら海水族館

ビーチ

フォトスポット

スイーツ

みやげ

離島

スパ＆ホテル

17

無料スポットが目白押し！
海洋博公園が見逃せない

沖縄美ら海水族館を擁する海洋博公園。
迫力のイルカショーにマナティーやウミガメを飼育する施設など、園内に点在する
海がテーマのスポットが見学無料！　水族館とセットで訪れて楽しみたい。

かわいいイルカたちの
パフォーマンスに感動！

生き物 ❶ **イルカ**

大きな屋外プールで自由に泳ぐイルカたちを見学できる。オキゴンドウやミナミバンドウイルカなどが飼育されている。

ショーの訓練の様子なども見られるよ！

広大な公園に施設が点在
国営沖縄記念公園
（海洋博公園）

所要時間
約2時間

こくえいおきなわきねんこうえん
かいようはくこうえん

「太陽と花と海」をテーマにした国営公園。沖縄美ら海水族館のほか、沖縄の歴史、文化、自然を紹介する施設が点在。

🏠本部町石川424　☎0980-48-2741（海洋博公園管理センター）⏰3～9月は8:00～19:30、10～2月は8:00～18:00（※各施設により時間は異なる）🗓公式HPを確認
💴入園無料（※園内に有料施設あり）
🚗許田ICから約27km　🅿Pあり

沖縄美ら海水族館周辺　▶MAP 別P12 C-2

🚩ココでみる！
イルカラグーン

イルカたちが繰り広げる迫力満点のショーを見られる。

イルカラグーンでは、デッキ上からイルカに餌をやる給餌体験を実施している。先着順で定員に達し次第終了なので、チャンスを逃さないよう早めに訪れよう。

イルカが近い!!

🐬 **イルカショーTIME**

🕐所要：約15分
10:30・11:30・
13:00・15:00・17:00

※最新情報はHPで要事前確認

🐬 **イルカ給餌体験TIME**

10:00～10:30　　13:30～14:30
11:00～11:30　　15:30～16:00
12:00～12:30
※先着順、定員あり餌代500円

※各回終了の10分前に受付終了。詳細はHP要確認

のんびり水中でくつろぐ姿がキュート

餌をもぐもぐ食べる姿はレア！ 見られたらラッキー

生き物 ②
マナティー

人魚伝説のモデルとなったと言われるマナティー。絶滅の危機にあり、国際保護動物に指定されている。成獣は体重300〜1000kgにもなる。

🚩 ココでみる！
マナティー館

アメリカマナティーが飼育されている人気スポット。地下の水中観察室からマナティーの様子を観察できる。

珍しい5種類のウミガメをじっくり観察〜

産卵用の砂場もあるよ！

生き物 ③
ウミガメ

タイマイやアオウミガメ、日本では珍しいヒメウミガメなどが見られる。世界で初めてクロウミガメの飼育下繁殖に成功した。

🚩 ココでみる！
ウミガメ館

5種のウミガメを飼育している。水上からは水面を泳ぐウミガメを、地下の観察室では水中を悠々と泳ぐウミガメが見られる。

HIGHLIGHT
沖縄美ら海水族館
ビーチ
フォトスポット
スイーツ
みやげ
離島
スパ＆ホテル

🌺 WHAT IS

海洋博公園

駐車場が9カ所あり、その敷地は広大。目的地近くの駐車場を選ぼう。ちなみに沖縄美ら海水族館に近いのはP7駐車場。

- エメラルドビーチ
- マナティー館
- ウミガメ館
- イルカラグーン
- オキちゃん劇場
- 総合案内所（ハイサイプラザ）
- おきなわ郷土村
- 海洋文化館
- 総合休憩所（美ら海プラザ）
- 沖縄美ら海水族館
- 北ゲート
- 中央ゲート
- 熱帯ドリームセンター
- P9
- P8

広い公園内は遊覧車での移動が楽ちん♪

1回300円で園内の遊覧車を利用できる。園内の14カ所の停留所を15〜30分間隔で運行するので、広い公園内の移動に便利。1日周遊券は500円。

まだある！
海洋博公園内のSPOT！

おきなわ郷土村
王国時代の村落を再現した施設。VR映像やクイズ体験のプログラムも実施。イベントや体験などの催しも多数あり。
🕐 3〜9月は8:30〜19:00、10〜2月は8:30〜17:30
🎫 無料　MAP 別P12 C-2

海洋文化館
沖縄をはじめ、太平洋地域の海洋民族の歴史や文化を紹介。プラネタリウムも人気。
🕐 3〜9月は8:30〜18:30、10〜2月は8:30〜17:00
🎫 190円　MAP 別P12 C-2

エメラルドビーチ
雄大なエメラルドの海とサンゴ礁に囲まれたラグーン内にあるコーラルサンドのビーチ。
🕐公式HPを確認　🚫期間中無休（遊泳期間4〜10月末）
🎫 無料　MAP 別P12 C-1

熱帯ドリームセンター
2000株のランをはじめ、鮮やかな熱帯・亜熱帯の花々が咲く。果物が実る温室もある。
🕐 3〜9月は8:30〜18:30、10〜2月は8:30〜17:00
🎫 760円
MAP 別P12 C-2

🐬 イルカショーは大人気で、ハイシーズンは特に見学客でいっぱいに。迫力満点の前列の席は早めにキープするのがオススメ！

マリンスポーツが充実！
ホテル直結のビーチを遊びつくす

南の島を訪れたなら、マストで行きたいのが白砂のビーチ！ 海や浜の美しさはもちろん、
アクティビティも楽しめる充実度120%なスポットへ！

プライベートビーチで
一日中遊びたおす！

RENAISSANCE BEACH
@RENAISSANCE OKINAWA RESORT

透き通る海に映える白砂ビーチ
ルネッサンスビーチ

「ルネッサンス リゾート オキナワ」のプライベートビーチ。環境省の「快水浴場100選」の特選に選ばれている。マリンスポーツやアクティビティが人気で初心者でも気軽に楽しめる。

恩納村山田3425-2 ☎098-965-0707
⊙9:00〜17:00（7〜8月は8:00〜19:00）
㊡無休 ㊟4500円（宿泊者は無料）
⊗那覇空港から約49km、石川ICから約4km
🚗Pあり
シャワー有 トイレ有 売店有
西海岸リゾート ▶MAP 別P10 A-2

パラソルが並ぶビーチ。ビーチ横のラグーンではイルカとふれあえる

ルネッサンスリゾートの
BEACH 👣 ACTIVITY
人気アクティビティ2

ホバー
ジェットボード
🕐 所要：約30分
💴 8800円

ジェット噴射の力でサーフィンを楽しむ。講習もあり初心者も安心

ドルフィン
エンカウンターS
🕐 所要：約50分
💴 1万6000円

膝くらいの深さまで海に入り、イルカと遊べるプログラム

上：開放感のある客室 下：個性豊かな9のレストラン、バーがある

イルカとふれあえるリゾホ
ルネッサンス リゾート オキナワ

パラセーリングやシュノーケリング、クルージングなどマリンアクティビティが充実のリゾート。天然温泉も有する。2021年にリニューアルし、ファミリーでもグループでも楽しめる。

🏠恩納村山田3425-2
☎098-965-0707 ⊗那覇空港から約49km、石川ICから約4km 🚗Pあり
西海岸リゾート ▶MAP 別P10 A-2

料金 1泊朝付1万7000円〜
IN 14:00 OUT 11:00

NIRAI BEACH
@HOTEL NIKKO ALIVILA

干潮、満潮のどちらも楽しめる
ニライビーチ

ホテル日航アリビラ前にある、県内屈指の透明度を誇る天然ビーチ。SUPやカヌー、サンセットセーリングなどのアクティビティメニューも多彩。天気のいい日は慶良間諸島を望む。

🏠読谷村儀間600
☎098-982-9111(ホテル日航アリビラ)
🕐9:00～18:00(時期により異なる)
🈺無休 🈯無料(一部有料)
🚗沖縄南ICから約18km 🅿Pあり
シャワー有 トイレ有 売店有
西海岸リゾート ▶ MAP 別P8 A-1

パティオと美しい海
ホテル日航アリビラ
ホテルにっこうアリビラ

読谷村にある由緒ある老舗リゾート。ロビーやパティオ(中庭)は、南国感あふれるヨーロッパ風の造りになっている。

🏠読谷村儀間600
☎098-982-9111 🈯那覇空港から約35km、沖縄南ICから約18km 🅿Pあり(有料)
西海岸リゾート ▶ MAP 別P8 A-1

料金 プレミアオーシャンパティオツイン2万7500円～
IN 15:00 OUT 12:00

海を望む明るい客室

MANZA BEACH
@ANA INTERCONTINENTAL MANZA BEACH RESORT

万座毛も見える
万座ビーチ まんざビーチ

国定公園指定のエメラルドグリーンに輝く海に広がるビーチ。観光名所・万座毛の向かいにある。サンゴ保全活動に参加し、サンゴの海を保っているほか、絶景の夕日も見られる。

🏠恩納村瀬良垣2260 ☎098-966-1211(ANAインターコンチネンタル万座ビーチリゾート)
🕐9:00～17:00(時期により異なる)
🈺無休 🈯施設使用料500円
🚗屋嘉ICから約7km 🅿Pあり(有料)
シャワー有 トイレ有 売店有
西海岸リゾート ▶ MAP 別P10 C-2

万座岬でアクティビティ
ANAインターコンチネンタル万座ビーチリゾート
エーエヌエーインターコンチネンタルまんざビーチリゾート

万座毛の対岸に立つリゾホ。日本最大級の海上アスレチックやクルーズ、シュノーケリングなど多彩なアクティビティがある。

🏠恩納村瀬良垣2260
☎098-966-1211 🈯屋嘉ICから約7km 🅿Pあり(有料)
西海岸リゾート ▶ MAP 別P10 C-2

料金 1泊朝食付クラシックツイン1万5500円～
IN 15:00 OUT 11:00

通年ではサンセットクルーズの運航。期間限定で星空クルーズや、花火の打ち上げがある際は花火クルーズも

🌴 リゾートホテル内のショップに、水着やマリングッズなどの取り扱いがあるところも。忘れ物があっても大丈夫！

HIGHLIGHT

沖縄美ら海水族館

ビーチ

フォトスポット

スイーツ

みやげ

離島

スパ&ホテル

行きたい！撮りたい！ BEST5

沖縄っぽジェニックを狙う!!

沖縄にはかわいいフォトスポットが目白押し！ SNSやメディアでも取り上げられる注目のスポットへ
お気に入りの一枚を撮りに行こう！

BEST 1

キラキラの並木道をのんびり散歩
備瀬のフクギ並木

備瀬地区は、約2万本のフクギが生い茂る集落。暑さをしのぐ並木道の隙間から木漏れ日が差し込む様子は、キラキラしていていい感じ　>>>P.140

寄り道しながらかわいいもの探し

カラフルスムージー

備瀬地区の近くにあるスムージーやソーダのお店。沖縄のフルーツのカラフルな色合いで元気になる♪
okinawasun>>>P.38、141

シーサイドでポケ丼

2023年にリニューアルオープン。フクギ並木の海側にあり、ゆっくり過ごせるハワイアンカフェ。
ハワイアンパンケーキチャハヤブラン
>>>P.141

港川のキュートなスイーツに胸キュン！

ふわふわパンケーキ

南国ムード満点のカフェでは米粉を使用したパンケーキを楽しめる。行列ができるパンケーキ店。
COCOROAR CAFE>>>P.130

沖縄産のおしゃれカヌレ

黒糖カヌレの上にのるのは、バナナ味の星形チョコや泡盛のジュレなど。並べるとかわいさ倍増♡
黒糖カヌレ ほうき星>>>P.26

BEST 2

おしゃれなショップがいっぱい
港川外国人住宅

港川には外国人住宅をリノベしたセンスあふれるショップが立ち並ぶ。おしゃれな外観と共にとびきりのポーズを決めて♪　>>>P.130

BEST 3

日帰りで行ける人気の離島
古宇利島
こうりじま

近年人気が高まる古宇利島は、本島から車で行けちゃう離島。透明度抜群の海と共に島を楽しもう
>>>P.142

古宇利島の名スポット
ハートロック

古宇利島のアイコン的存在のハートロックは、CMやドラマのロケ地になったことも。人の少ない時間を狙うなら午前中に訪れよう　ティーヌ浜>>>P.142

創作ランチが人気
t&c とうらく

古宇利島の高台にあり、古宇利大橋から伊江島まで、海絶景を大パノラマで一望できる
>>>P.9、143

パステル色の
トレーラーワゴン

ガーリックシュリンプ専門店
KOURI SHRIMP

ホワイトとパステルカラーがキュートなワゴン。ガーリックシュリンプはランチにおすすめ
>>>P.143

BEST 4

異国感たっぷりカラフルタウン
アメリカンビレッジ

北谷美浜にあるアメリカンビレッジには、遊び心たっぷりな壁画やオリジナリティ満載のフードがいっぱい♪
>>>P.132

リゾート感
たっぷりなカフェ

どこを切り取っても映える!
激カワな壁画

デポアイランドには天使の羽が描かれた壁画が♡　個性豊かなアートと共に最高の一枚を撮ろう!　>>>P.132

手作りの鮮やかブレッド
WaGyu-Café KAPUKA

テラス席から海を望めるカフェで、これぞジェニックなステラのレインボーブレッドをチョイス
>>>P.132

カラフルな北谷メロンパン
Re:MELO

沖縄を感じるカラフルな手作りメロンパンの店。こだわり食材を使っていて、子どもにもおすすめ!
>>>P.132

BEST 5

個性派なフォトスポット
よんな〜カフェ

沖縄には内装にもこだわった個性派カフェが豊富。インテリアやウォールアートにセンスが光るカフェを訪れよう

スローな時間
が流れる

映え間違いなしのドリンク
Gallirallus

ウミカジテラスにある南国フルーツと花を使ったドリンクのお店。フルーツやエディブルフラワーを閉じ込めた丸いゼリー状のドロップがキュート!　>>>P.125

レコード純喫茶
ニューキタナカ

スタッフがセレクトしたBGMが流れるレコード純喫茶。音楽好きにもおすすめ
>>>P.39

クラゲの幼生が
かわいい♡

非日常空間でひと息
cafe ブラヌラ

店主のこだわりが詰まったカフェ。紅茶の種類が豊富で、国際通り周辺での休憩にもぴったり
>>>P.122

HIGHLIGHT

沖縄美ら海水族館

ビーチ

フォトスポット

スイーツ

みやげ

離島

スパ&ホテル

🐾 港川の外国人住宅はコンクリートで造られた平屋。現在も65棟ほどの住居があり、6割以上がショップやオフィスに利用されている

南国といえばこれでしょ！
デザートはひやしもんで！

沖縄の暑さを忘れさせてくれる、南国フルーツを使ったカラフルなひんやりデザートたち。
街歩きの途中に立ち寄って、人気店の名物メニューでクールダウン。

フレッシュフルーツを
ひんやりいただく♪

MANGO PARFAIT

**マウンテンマンゴーパフェ
2500円**

マンゴーを丸ごと1個使用した夏
季限定のかき氷。ソースもソルベ
も全てマンゴー！ 何人かでシェ
アするのがおすすめ。

もりもりたっぷり
生クリーム

ごろっと丸ごと
完熟マンゴー

カットマンゴー
入りのシロップ

万座毛近くのかき氷店
田中果実店
たなかかじつてん

新鮮な果物を使ったパフェやかき氷がいた
だける有名店。沖縄名物のマンゴーやパイ
ナップル、パッションフルーツを贅沢に使っ
たスイーツメニューが豊富。完熟マンゴー
で作ったジャムも人気。

🏠 恩納村瀬良垣2503　　☎070-5279-7785
🕐 11:00〜17:30　　　㊡火・水曜
🚗 屋嘉ICから約7km　　🅿️Pあり
西海岸リゾート　▶MAP 別P10 C-2

上：ANAインターコンチネンタル万座ビーチリゾート前
にある　下：イエローとブルーの外観が目印

こちらも人気

**シェイブアイス
680円**

ハワイ版かき氷のシェイ
ブアイス。シロップは20
種類の中から選べる

🌺 WHAT IS

ひやしもん

かき氷ののったぜんざいや
アイスクリーム、パフェな
ど冷たいスイーツ全般のこ
と。沖縄らしい黒糖やトロ
ピカルフルーツを使ったト
ッピングが魅力！

SHAVED ICE

ドラゴンフルーツとシークヮーサーの氷　950円

とれたて果物をたっぷり使用したシロップが美味。シークヮーサーを絞れば爽やかさ満点!

夏季限定の味わい
喫茶ニワトリ
きっさニワトリ

港川外国人住宅に夏の間だけ登場する、季節の果物をふんだんに使ったかき氷店。

🏠浦添市港川2-16-1　☎098-877-6189　🕐13:00〜18:00
(売り切れ次第閉店)　🗓不定休　🚗西原ICから約6km
🚗Pなし
中部　▶MAP 別P7 F-2

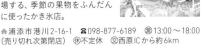

SHAVED ICE

アイスマウンテン トロピカルフルーツ　1780円　♪🎵

マンゴー、パッションフルーツ、いちご、パイナップルをのせたボリューム満点なかき氷

トロピカルフルーツが山盛り
琉冰 おんなの駅店
りゅうびん おんなのえきてん

道の駅「おんなの駅」内にあるてんこ盛りのかき氷が有名な店。ぜんざいなども販売。

🏠恩納村仲泊1656-9(おんなの駅内)　☎090-5932-4166
🕐10:00〜19:00(11〜2月は〜18:00)　🗓無休
🚗石川ICから約4km　🚗Pあり
西海岸リゾート　▶MAP 別P10 A-2

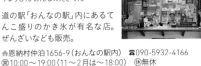

SMOOTHIE

彩り紅イモバナナ
スムージー
780円

紅いも、バナナ、ストロベリー、豆乳などを使用

エネルギーブースト
750円

大麦若葉や青パパイヤが入って栄養たっぷり

フレッシュさ満点
Vita Smoothies
ビタ スムージーズ

沖縄初のスムージー専門店。旬の野菜やフルーツたっぷりのスムージーで元気をチャージ!

🏠那覇市牧志2-17-17まきしビル1F　☎098-863-3929
🕐11:30〜18:00　🗓火・水曜
🚗ゆいレール美栄橋駅から徒歩約2分　🚗Pなし
那覇　▶MAP 別P20 C-2

SHAVED ICE

伊江島タッチューマウンテン　1600円

店長の実家で育てたマンゴーをはじめ、パッションフルーツ、パインをのせ、マンゴーソースをたっぷりと

とれたてフルーツを使用!
フルーツカフェ
松田商店
フルーツカフェ まつだしょうてん

マンゴーやグアバなどを使ったかき氷やスムージーの店。店内からは伊江島の姿も見られる。

🏠本部町健堅127　☎0980-43-8914　🕐9:00〜15:30
🗓木曜　🚗許田ICから約22km　🚗Pあり
沖縄美ら海水族館周辺　▶MAP 別P12 C-2

🍧 田中果実店には沖縄県内にいくつか姉妹店があり、Hawaiian Pancakes House Paanilani (>>>P.52)もその一つ

25

HIGHLIGHT　沖縄美ら海水族館　ビーチ　フォトスポット　スイーツ　みやげ　離島　スパ&ホテル

喜ばれること間違いなし！

ツウなみやげをGETする

お菓子から雑貨まで、沖縄みやげはバラエティ豊か。定番の品もいいけれど、
せっかくなら沖縄ツウが選ぶ素敵なおみやげをチョイスしよう！

タルト生地で
作ったサブレ♪

SABLE

B とりサブレ

オハコルテのモチーフである青いとりの形
をした、しあわせはこぶとりサブレ（6枚入
り）1138円。味はプレーン、ショコラ、メ
イプルの3種類。

MACARONS

A マカロン

単品で沖縄限定
シークヮーサー味は
1個378円

パッションフルーツ＆ミルクチョコレート
やピスタチオといった4種類の味が楽しめ
るマカロン6個詰合わせは2862円。

CANELES

C 黒糖カヌレ

沖縄黒糖を使って焼き上げたカヌレ。味
はドラゴンフルーツや泡盛など沖縄の食
材を取り入れた10種類のほか、季節限定
の味も登場。10個入りのBOXは1950円。

ショップバッグ
もおしゃれ♥

沖縄初上陸の人気マカロン

A Made in ピエール・エルメ 那覇空港

メイド イン ピエール エルメ なはくうこう

フランス人パティシエのピエール・エ
ルメ氏が発信するショップ。沖縄限
定シークヮーサー味のマカロンも。

🏠那覇市鏡水150那覇空港旅客ターミ
ナルビル2F国際線エリア
☎098-996-4711
🕐9:00〜19:00　🈚無休　🚗Pあり

那覇 ▶MAP 別P18 A-2

フルーツタルト店のサクサクサブレ

B [oHacorté] 港川本店

オハコルテ みなとがわほんてん

旬のフルーツを使った人気のタルト
専門店。タルト生地を使った焼き菓
子はサクサクの食感が好評。パッケ
ージもかわいい！　>>>P.130

🏠浦添市港川2-17-1 #18
☎098-875-2129　🕐11:30〜18:00
🈂不定休　🚗西原ICから約6km
🚗Pあり

中部 ▶MAP 別P7 F-2

県産食材にこだわった

C 黒糖カヌレ ほうき星

こくとうカヌレ ほうきぼし

沖縄初の黒糖カヌレ専門店。カヌレ
のカリカリ食感を楽しむため当日中が
ベスト。冷凍カヌレも販売。那覇空港
店でフライト前に購入も可能。

🏠浦添市港川2-16-2 #25
☎098-975-7825　🕐11:30〜18:00（売
り切れ次第終了）　🈂不定休　🚗西原
ICから約6km　🚗Pあり

中部 ▶MAP 別P7 F-2

E FRESH JAM
フレッシュジャム

原材料にこだわり、沖縄の旬のフルーツなどで作られたジャム。下右：島のフルーツチャツネ648円、下左：季節のフルーツとホワイトチョコのジャム756円。

南国の味わい♪

羊毛フェルトのバッジ

D BADGE
島フェルトバッジ

美ら海の生き物やヤンバルクイナなど沖縄モチーフの羊毛フェルトバッジは1個1000円〜。一点一点ハンドメイド。

ピアスなどのアクセサリーも販売

F PACKAGE
おしゃかわ パッケージ

沖縄の"いいモノ"がそろう樂園百貨店には、質が高くおしゃれなアイテムが豊富。見た目も質もこだわりたいならココで！

シマノネ黒糖入り小箱
各638円

ハイビスカスティー
990円

ゆきさんのジンジャーシロップ
各種1339円

オリジナルエッセンスオイル（月桃）
1650円

ふわふわな沖縄ワッペン
D 島しまかいしゃ
しましまかいしゃ

本部町営市場の一角に店舗を構える、作家、奥野さんのお店。羊毛フェルトのワッペンをはじめ、消しゴムはんこで作ったポストカードなども販売。

🏠本部町渡久地4　☎090-3794-8267
🕚11:00〜17:00　㊡無休　🚗許田ICから約23km　🚘Pあり
沖縄美ら海水族館周辺　▶MAP 別P12 C-2

小瓶においしさを詰める
E ビン food ＋ café 'eju'
ビン フード カフェ イージュ

すべて手作業で作られる、原材料にこだわった「ビンfood」。アンチョビや豆板醤からラムネまでバリエーションも豊富。

🏠南城市玉城當山117　☎080-3977-2100　🕚11:00〜15:30　㊡月・火曜（雨天要問い合わせ）　🚗南風原南ICから約7km　🚘Pあり
南部　▶MAP 別P5 D-2

缶も小箱もかわいい
F 樂園百貨店
らくえんひゃっかてん

デパートリウボウ内にあるセレクトショップ。雑貨や食品、作家アイテムまで選りすぐりの品が並ぶ。食材にこだわったカフェも隣接。>>>P.124

🏠那覇市久茂地1-1-1 デパートリウボウ2F　☎098-867-1171（代）
🕚10:00〜20:30　㊡無休　🚗ゆいレール県庁前駅から徒歩約1分　🚘Pあり
那覇　▶MAP 別P20 A-3

🐾 [oHacorté] と黒糖カヌレ ほうき星は那覇空港にも支店がある。本店に行けないときは空港店を利用しよう

本島から船で行ける！

アクセス抜群の日帰り離島へ

沖縄本島の周りには、手付かずの自然が残された小さな島が点在している。アクセス便利で日帰りできる隠れ家的な離島トリップを体験しよう。

KUME ISLAND

POINT!
- ハテの浜は東洋一の美しさと言われる
- 種類豊富な熱帯魚やザトウクジラと出合える！

白い砂浜と圧倒的透明度の海
① 久米島（ハテの浜）
くめじま（ハテのはま）

本島から西へフェリーで3時間半海を越えた先にある久米島。ハテの浜をはじめとした、青い海と白い砂浜を望む絶景スポットが多くある。

🏠久米島町（ツアー集合場所：久米島町宇根1724-13泊フィッシャリーナ）☎098-985-8779（久米島海洋レジャー）㊡不定休 ㊎3500円〜 ㊩泊フィッシャリーナからグラスボートでハテの浜まで約20〜30分/3500円〜

離島 ▶MAP 別P3 D-3

久米島の南東約3km沖では白砂だけでできたハテの浜が

透き通った海では海水浴やシュノーケリングを楽しめる。

AKA ISLAND

POINT!
- とにかくダイバーの人気が高い
- 天然記念物のケラマジカも

熱帯魚と珊瑚の楽園へGO！
② 阿嘉島
あかじま

慶良間諸島のなかでもダイバーに人気の島。遊泳はダイビングスポットとしても人気の北浜（にしばま）ビーチで。阿嘉大橋からの眺望も圧巻。

🏠座間味村阿嘉 ☎098-987-3535（座間味村観光協会）㊩泊港からフェリー（フェリーざまみ）で約90分/2150円（片道）、高速船（クイーンざまみ）で約50分/3200円（片道）

離島 ▶MAP 別P3 D-3

ダイビングスポットとして不動の人気。素朴な町並みも魅力

橋で近隣の島とつながっているので隣の島にも行けちゃう！

ZAMAMI ISLAND

POINT!
- ホエールウォッチングの名所
- ダイビングが人気

野生の巨大なクジラを目撃せよ
③ 座間味島
ざまみじま

国立公園に指定された慶良間諸島の島。座間味村ホエールウォッチング協会では1月上旬〜3月末にザトウクジラを見学するツアーを催行。

🏠座間味村座間味 ☎098-987-2277（座間味村観光協会）㊩泊港からフェリー（フェリーざまみ）で約2時間/2150円（片道）、高速船（クイーンざまみ）で約50分/3200円（片道）

離島 ▶MAP 別P3 D-3

ダイナミックなクジラのジャンプを間近に見られる

高い透明度を誇る周辺の海は人気のダイビングスポット

日帰り離島

大小合わせて691もの島を持つ沖縄。なかでもフェリーで簡単にアクセスできる離島なら、日帰りで気軽に楽しめる。本島よりもさらに海がきれいなので、マリンアクティビティも倍楽しい!

慶良間諸島は国立公園に指定されている一帯に浮かぶ島々の入り組んだ岩礁に、ケラマブルーと呼ばれる透明度の高い海、そしてそこに棲むウミガメやザトウクジラといった動物など、自然が色濃く残ることから国立公園に指定された。

慶良間諸島には、日本のサンゴの約6割が生息すると言われる

ISLAND MAP

渡久地港から 🚢 約15分
④ 水納島 ● 渡久地港
泊港から 🚢 約3時間30分
① 久米島
泊港から 🚢 約50分〜
③ 座間味島
沖縄本島
慶良間諸島
② 阿嘉島
泊港 ● 知念海洋レジャーセンター
⑤ コマカ島
泊港から 🚢 約50分〜
知念海洋レジャーセンターから 🚢 約15分

MINNA ISLAND

POINT!
● 本島からたった15分!
● のんびりした町も魅力

本島の渡久地港からフェリーでわずか15分。まるで別天地／南国らしいハイビスカスの花

クロワッサンアイランドでとことん遊ぶ

④ 水納島
みんなじま

人口約40人の三日月形の小島。ビーチ施設も充実し、パーラーや食堂もある。島の西側にある西の浜ビーチまでは集落を眺めながら散策を。

🏠 本部町瀬底 ☎0980-47-5572(有限会社水納ビーチ) ㊟渡久地港から高速船(ニューウイングみんな)で約15分/1730円(往復)※予約がおすすめ

沖縄美ら海水族館周辺 ▶MAP 別P12 B-2

KOMAKA ISLAND

POINT!
● 透明度の高い海でシュノーケル!
● 30分間隔の送船船で気軽に行ける

レジャーセンターから連行する送迎船に乗り15分で到着／トイレ以外の設備はない。シュノーケルは乗船前にレンタルを

周囲800mの島をぐるりと一周

⑤ コマカ島
コマカじま

本島南部の沖合に浮かぶ無人島。周辺の海は県内屈指の透明度を誇る。浅瀬にも魚が多く、子ども連れのファミリーにもおすすめ。

🏠 南城市知念久手堅676 ☎098-948-3355(知念海洋レジャーセンター) ㊟知念海洋レジャーセンターから送迎船で約15分/4000円〜(往復)

南部 ▶MAP 別P3 E-3

🌺 ダイビングやシュノーケリングがセットになった日帰り離島ツアーもある。那覇市内などにある旅行代理店で予約可能

ロケーションもプロダクトもこだわりの

美らさんスパで美人度UP!

のんびりとした沖縄の空気感を感じながら癒やされたい！ そんなときはロケーションも魅力の
スパへ。地元素材のプロダクトでキレイに磨きをかけよう。

**森林浴
スパ**

リゾート感MAX!
癒やしの空間でトリートメント

トリートメントの仕上げは
緑豊かなテラスバスで

贅沢なラグジュアリースパ

CoCo Spa
ココ スパ

極上の癒やしをもたらす施術は、プラ
イベートバルコニー付きの個室にて。
ハイビスカスやシークヮーサーなどの
沖縄天然素材を用いる。また、季節限
定のトリートメントコースもおすすめ。

🏠うるま市石川伊波501（ココ ガーデ
ンリゾート オキナワ内）
☎098-965-1000 🕐12:00〜23:00（最
終受付は21:00） 🈂無休
🚗石川ICから約2km Ｐあり
中部 ▶MAP 別P8 C-1

INFORMATION

コンビネーショントリートメント
マッサージとハイビスカスやウ
コンを使った天然素材のスクラ
ブパックで全身をトータルケア。

🕐 所要:90分

¥ 1万3200円

予約 要予約(TELのみ)

上:全身スクラブ＆ボディ
マッサージでデトックス 左:
ココ ガーデンリゾート オキ
ナワ内にあり、ハイビスカス
やシークヮーサーなど沖縄
素材のプロダクトを使用

沖縄のスパ

沖縄の天然素材を使った施術が特徴。主に琉球石灰岩や県産の塩、シークヮーサー、ハイビスカス、月桃などが用いられる。

シークヮーサー

ハイビスカス

月桃

沖縄ならではの施術で
心身ともにリフレッシュ♪

沖縄素材

高級感あふれる空間で、至福のひとときを

①

②

③

リゾートホテルにあるスパ

AMAMI SPA
アマミ スパ

沖縄の豊かな自然と伝統的な琉球文化を融合したスパ体験と、オールハンドのトリートメントがもたらす幸福感をセラピストの「ウムイ（祈りと思い）」とともに堪能できる。

🏠北谷町美浜40-1 1F（ヒルトン沖縄北谷リゾート内）
☎098-901-1160
🕙10:00～22:00（最終受付は20:00）　㊡無休
🚗北中城ICから約6km
🅿Pあり
中部 ▶MAP 別P22 B-2

INFORMATION
ボディトリートメント

スウェディッシュ、ロミロミなどを取り入れたオリジナルのボディトリートメント。

⏱ 所要:約90分
¥ 1万8645円
予約 要予約

①エントランスから、琉球の癒やしの世界へ　②目的や希望に合うパッケージプランをシーズンごとに用意　③インターナショナルライセンスを持つセラピストが対応

沖縄コスメをおみやげに！🧺

フェイシャルソープ
月桃とクチャ2200円
Ⓐ

琉球アロマ各2200円は沖縄をイメージしたブレンドオイルⒶ

甘い香りの芳香蒸留水、月桃ハイドロゾル100m
1540円Ⓑ

月桃リップ880円はしっとりとした使い心地が人気Ⓑ

乾燥肌用の斎場御嶽石鹸1430円は斎場御嶽がモチーフⒸ

さわやかな香りの斎場御嶽ブレンドエッセンシャルオイル1100円Ⓒ

工房メイドの手作り石けん

ⒶLa Cucina SOAP BOUTIQUE
ラ クッチーナ ソープ ブティック

月桃やシークヮーサーなど沖縄ならではの素材を使い、コールドプロセス製法で作るナチュラルソープの店。

🏠那覇市松尾2-5-31　☎098-988-8413　🕙12:00～20:00　㊡水・日曜　🚶ゆいレール美栄橋駅から徒歩約15分　🅿Pなし
那覇 ▶MAP 別P20 C-3

沖縄に2店ある人気店

Ⓑオキナワアロマ ペタルーナ 北谷サンセット店
オキナワアロマ ペタルーナ
ちゃたんサンセットてん

オーガニック先進国のオーストラリアや沖縄の素材で作るコスメを販売。

🏠北谷町美浜9-39 オークファッションビル1F　🕙10:00～19:00　㊡火曜　🚗沖縄南ICから約5km　🅿Pあり
中部 ▶MAP 別P22 B-2

少量生産の手作りコスメ

Ⓒアイランドアロマ沖縄
アイランドアロマおきなわ

沖縄南部の知念で手作り石けんを製造する、工房に併設するショップ。沖縄の聖地にちなんだ石けんやオイルが評判。

🏠南城市知念吉富42　☎098-948-3960　🕙10:00～18:00　㊡日曜、祝日　🚗南風原南ICから約14km　🅿Pあり
南部 ▶MAP 別P5 E-3

HIGHLIGHT
沖縄美ら海水族館
ビーチ
フォトスポット
スイーツ
みやげ
離島
スパ＆ホテル

🐾 うちなーにはなじみ深い「月桃」は、白い花の咲くショウガ科の植物。殺菌やリラックス効果があると言われている

最旬ホテルに泊まりたい！

話題の**リゾホ**にステイ♥

海とつながるインフィニティプールが印象的

沖縄本島の憧れリゾート
星のや沖縄
ほしのやおきなわ

 唯一無二の贅沢ステイ

海岸線1kmに渡って広がる、沖縄ラグジュアリーの最高峰を誇るリゾート。海を眺めながら暮らすように滞在できるほか、沖縄の文化を体験するアクティビティが充実。

🏠読谷村字儀間474　☎050-3134-8091
🚩石川ICから約15km　🚗Pあり
西海岸リゾート ▶MAP 別P8 A-1

料金 13万6000円〜
IN 15:00　OUT 12:00

客室は全室オーシャンフロント。豊かな自然が残る海岸を臨む

敷地内にある道場では、沖縄で歴史ある「ぶくぶく茶」のおもてなし

①全室スイートタイプの客室。寝室には琉球紅型のベッドボードが　②ダイニングの他客室でも充実した食事が味わえる

────ココに注目────

乗馬体験も！
馬に乗って目の前の海岸を散歩。サンゴ礁の美しい海を騎乗から眺める特別な体験もおすすめ。

非日常の安らぎを求めて、極上リゾートにステイ。
スパで体を癒やしたり、コバルトブルーの
海を眺めながら本を読んだり…。
自由自在に自分好みの過ごし方を叶えよう。

西海岸リゾート

沖縄本島屈指のリゾートホテルがひしめく西海岸エリア。恩納村をはじめ、近年では読谷村にも大型のリゾートホテルが続々と登場している。

 県内最大級のプールで
遊びつくす！

プールやスパがうれしい

オリエンタルホテル 沖縄リゾート＆スパ

オリエンタルホテル おきなわリゾートアンドスパ

東シナ海を一望できるリゾートホテル。全長170mのガーデンプールのほか、5つのバスやドライサウナが楽しめるスパが魅力。

🏠 名護市喜瀬1490-1　☎0980-51-1000
🚗 石川ICから約15km
🚗 Pあり

`西海岸リゾート` ▶MAP別P11 D-2

`料金` 1泊1室1万4800円〜
`IN` 15:00　`OUT` 11:00

6つのプールとキッズプール、カバナや見晴らしの良いデッキエリア、ナイトプールが楽しめるガーデンプール

── ココに注目 ──

滞在に合わせてアメニティを選ぶ

ロビー階に「アメニティベース　Arin Krin（アリンクリン）」を設置。ヘアオイルや入浴剤、キッズアメニティなど幅広いアメニティから選ぶことができる。

①2024年4月にリニューアルが完了したスーペリア　②「Qwachi（クワッチー）」では「Eat Okinawa」をテーマに洋食や和食、沖縄料理などさまざまな料理をブッフェスタイルで楽しめる　③スパでは、ジェットバスやアロマバスなど5種類のバスがある。島風を浴びながら全身を癒やそう

県内最大規模のインフィニティプール（プールヴィラ古宇利島）

 古宇利島のヴィラで
何もしない贅沢を

古宇利島を一望

コルディオテラス古宇利島

コルディオテラスこうりじま

古宇利ブルーの海を望むホテルが2024年4月よりリニューアルオープン。異なる2つのホテルにレストラン、チャペル、スパが複合し、極上のアイランドリゾートステイが叶う。

🏠 今帰仁村古宇利126　☎098-954-6496
🚗 許田ICから約41km　🚗 Pあり

`沖縄美ら海水族館周辺` ▶MAP別P13 F-1

`料金` 1室2万円〜
`IN` 15:00　`OUT` 11:00

プールヴィラ古宇利島

プライベートコンド古宇利島

── ココに注目 ──

家族みんなで
絶景レストランへ

美しい景観の朝食会場は小学生まで無料。県産食材を生かした琉球ビュッフェを堪能できる。

美ら海の潮風に吹かれて…

海カフェでまったりくつろぐ

穏やかな波音が響くビーチの上や、水平線を見下ろす高台の上など、海を望むロケーションが自慢のカフェ。絶景に癒やされよう。

🛏 **BEST SEAT**

開放的なオン・ザ・ビーチのテーブル席が一番人気!

白砂のビーチで
優しい海風に包まれる

波音を聴きながら
のんびりできる

🛏 **BEST SEAT**

真正面と真下に海が広がる窓辺の席が絶景の特等席

木陰が涼しい屋外の席

海カフェの草分け的存在
浜辺の茶屋
はまべのちゃや

ビーチサイドにある木造ロッジのカフェ。店内の窓際席や屋外の木陰の席、屋上の席など、店内のあらゆる所から絶景を望む。

🏠南城市玉城字玉城2-1 ☎098-948-2073 🕙10:00〜17:00（金〜日曜、祝日は8:00〜） 🈚無休 🚗南風原南ICから約10km 🅿Pあり

南部 ▶MAP 別P5 E-2

おすすめ **MENU**

日替わりモーニングプレート
990円

地元産の野菜やフルーツをふんだんに使用した人気のプレート

ハイビスカスと
パッションフルーツの
セパレートティー
715円

パッションフルーツの甘みと、酸味のあるハイビスカスティーがベストマッチ

新原ビーチにある浜辺のカフェ
食堂かりか
しょくどうかりか

ネパール出身のシェフ、ジェシーさん夫婦の本格的なネパール料理の店。12種類のカレーやネパールの蒸し餃子など、単品やデザートも充実。

🏠 南城市玉城百名1360　☎098-988-8178　🕐10:00〜20:30（季節により変動）🈂無休（季節により変動）　🚗南風原南ICから約12km　🅿あり

南部　▶ MAP 別P5 E-2

カウンターで料理を注文

キーマ豆カレー
1050円

南部にある新原ビーチの浜辺に、オープンエアのテーブル席が並ぶ。店の奥にシャワールームもあり

南部東海岸が狙い目

絶景の海カフェは南部の東海岸に集まっている。ビーチ上や少し内陸に入った高台の上など、ロケーションはさまざま。きれいな海を見るなら、海の透明度が高い午前中がおすすめ。

アジアンハーブレストラン
カフェくるくま
café Lodge
浜辺の茶屋
Cafe やぶさち
食堂かりか
331
車でアクセスするのがオススメ！

おすすめ MENU

ココナッツマンゴーコルフィー　650円

ココナッツミルクをベースに、甘さを抑えたマンゴーソースがかかったデザート

アメビレ近く
北谷シーサイドのカフェ 🍴 BEST SEAT

遮るものがないオープンテラス席がベストシート

おすすめ MENU

エッグベネディクト
1580円

平日は10食、土日祝は20食限定メニュー。ポーチドエッグと厚切りベーコンの相性が◎

風が気持ちよく吹くテラス席でカフェタイムを

リゾート風の海沿いカフェ
シーサイドカフェ　ハノン

美浜アメリカンビレッジ周辺の海沿いに立つオーシャンビューカフェ。しっとりふわふわのパンケーキが名物。

🏠 北谷町美浜9-39 オークファッションビルB-3　☎098-989-0653　🕐10:00〜17:00（土・日曜は8:00〜18:00）　🈂無休　🚗沖縄南ICから約6km　🅿あり

中部　▶ MAP 別P22 B-2

Seaside cafe Hanon

上：白を基調とした壁がおしゃれ　下：開放的なリゾート風の店内

EAT

カフェ＆ベーカリー

沖縄そば

ごはん

スイーツ

ソウルフード

島食材

肉

ナイト

EAT
02

自然の静けさに包まれる
隠れ家的森カフェで憩う

亜熱帯植物に囲まれた森カフェは、沖縄の大自然をそのままに感じられる癒やしスポット。
心地よい風や木々の香りを楽しみながら、ほっとひと息つきたい。

広い敷地には、南
国植物が生い茂る

🌴**ココ！**
敷地内には、琉球
古民家を利用した
風情ある離れも

やちむん喫茶
シーサー園

木々に囲まれた森の空気も
いただきます！

庭園内には
100体以上の
シーサーが！

左：店内には地元作家の作品が並ぶ　右：木のぬくもりあふれる店内

ウルトラみかん
ジュース700円

深い森に囲まれた一軒家カフェ
やちむん喫茶 シーサー園
やちむんきっさ シーサーえん

周囲を山々に囲まれた、約1万坪もの敷地を
持つ庭園カフェ。自家焙煎する豆を湧き水
で淹れたコーヒーがおすすめメニュー。

🏠本部町伊豆味1439　☎0980-47-2160　🈺
11:00〜16:30　㊡月・火曜　🚗許田ICから約
18km　🅿️あり

沖縄美ら海水族館周辺　▶MAP 別P13 D-2

ちんびん（2本）　600円
黒糖入りのクレープのようなお菓子。
沖縄らしい素朴な味

瓦屋根の向こうに庭園を望む2階のテラス席

WHERE IS

やんばるの森が狙い目

本部半島の内陸部には、亜熱帯植物の森が広範囲に広がっている。アクセスの不便さはあるが、車でわざわざ訪れたい隠れ家的な店が多い。

花人逢　カフェこくう
fuu cafe　Cafe ichara
やちむん喫茶　Cafe ハコニワ
シーサー園

日が暮れると真っ暗になるので、早い時間がおすすめ

🌴 **ココ！**
木々がみずみずしい庭を望むカウンター席がおすすめ

森を眺めながらこだわりの自家焙煎珈琲を

自家製とやんばるの食材にこだわる

fuu cafe
フー カフェ

「作れるものは作ろう」がコンセプト。自家栽培のハーブややんばるでとれる食材を使った体に優しい料理を提供する、瀬底島のカフェ。

🏠本部町瀬底557　☎0980-47-4885
🕐11:00～14:30、18:00～20:00
🚫水・木曜　🚗許田ICから約24km
🅿Pあり

沖縄美ら海水族館周辺　▶MAP 別P12 C-2

海ぶどうと
アグーの丼仕立て　1650円
たっぷりの海ぶどうの下には甘辛い豚肉が

屋内の席もある。庭を眺めるなら、6～7月の梅雨明け頃が一番きれい

瀬底島ブレンドは注文後に豆を挽いてハンドリップで淹れるコーヒー。550円

🌴 **ココ！**
森に包まれたレトロな古民家がカフェに！

優しい味のヘルシーメニューもうれしい

おしゃれでくつろげる空間で女性に人気

のんびりできる古民家カフェ

Cafe ハコニワ
カフェ ハコニワ

本部町伊豆味にある築約50年の沖縄古民家を、店主自らがおしゃれにリノベーション。センスのよいインテリアや器をそろえる。

🏠本部町伊豆味2566　☎0980-47-6717
🕐11:30～15:30　🚫水・木曜　🚗許田ICから約15km　🅿Pあり

沖縄美ら海水族館周辺　▶MAP 別P13 D-2

懐かしさも感じる雰囲気の店内

本日のハコニワプレート　1100円
黒米ご飯におかず5種が付く人気のランチ。内容は週替わり

🌴 森の中にあるカフェは、沖縄美ら海水族館周辺エリア（>>>P.140）に多い。閉店時間が早いので、早めに訪れるのがおすすめ

EAT
カフェ＆ベーカリー
沖縄そば
ごはん
スイーツ
ソウルフード
島食材
肉
ナイト

EAT
03

いいね！が止まらない
フォトジェニックCAFE&SWEETS

凝ったインテリアや見た目もキュートなメニューなど、思わず写真に撮りたくなる、
フォトジェニックなカフェをめぐろう。お気に入りのベストショットをUPして！

ビタミンカラーの
カラフルスムージー

○ #PHOTO POINT

OKINAWA LOVER

ピンクの外壁とパシャリ♡
カラフルなスムージーがばっちり
映える、外壁もフォトポイント♪

宜野座村のいちご園の苺を
贅沢に使用した沖縄いちご
のバナナミルクスムージー
1150円、甘酸っぱく濃厚な
okinawasunスペシャルス
ムージー980〜1200円

店内もスムージーもカラフル
okinawasun
オキナワサン

主に地元農家から直接仕入れたフルー
ツで作るスムージーの店。南国の花や
果物がモチーフのカラフルな内装はま
るで絵本の世界！ 店内では雑貨など
も販売している。>>>P.141

🏠本部町備瀬224 ☎090-9473-0909
🕐9:00〜16:00
🈺月・日曜、不定休
🚗許田ICから約29km 🅿Pあり

沖縄美ら海水族館周辺 ▶MAP 別P12 C-1

1.スムージーをテイクアウトし
て、入口横のテーブルで飲むこ
とができる 2.日々入荷する雑
貨が並ぶカラフルな店内。フォ
トスポットとしてもおすすめ
3.一点もののアクセサリーは沖
縄みやげにぴったり

わたあめ（アヒル）
850円
人気のアヒルわたあめは、顔の何倍もある大きさ！

パステルカラーが映える
Fairy cotton candy
フェアリー コットン キャンディ

北谷のアメリカンビレッジにあるフォトジェニックなわたあめの専門店。沖縄県産の自家製ザラメを使用し、注文を受けてから目の前で作ってくれる。

🏠 北谷町美浜 9-39 1F
☎ なし
🕐 12:00〜17:00
㊡ 月〜金曜（祝日は営業）　🚗 沖縄南ICから約6km　🅿 Pあり
中部 ▶ MAP 別 P22 B-2

♡ ○
アヒルわたあめと一緒に！
店の外壁をジェニックスポットにすれば映える写真完成！

ほわほわビッグなカラフルわたあめ♪

♡ ○
アメリカンダイナーな店内！
白と黒のチェッカータイルの床に赤いソファはまるで映画の世界

アメリカ生まれ沖縄育ちのアイスクリーム

アイスとソフトを組み合わせられる、ブルーシールサンデー650円

アイスクリームの看板が目印！
ブルーシール 北谷店
ブルーシール ちゃたんてん

国道58号沿いにあり、地元民だけでなく観光客からも愛される人気のアイス店。沖縄の気候に合わせたアイスを20種類以上の中から選べる。

🏠 北谷町美浜 1-5-8
☎ 098-936-9659
🕐 11:00〜22:00
㊡ 無休　🚗 沖縄南ICから約6km
🅿 Pあり
中部 ▶ MAP 別 P22 C-2

さくらんぼがのったクリームソーダ550円は昔ながらのグラス

レコード好きにはたまらない
ニューキタナカ

北中城にあるレコード喫茶で昭和レトロな曲を楽しめる。店内は広々としていて、音楽を楽しみながらゆっくりとカフェタイムを過ごすことができる空間。

🏠 北中城村渡口 981-2
☎ 098-923-2515
🕐 11:00〜18:00（フードは〜17:00）
㊡ 木曜　🚗 北中城ICから約3km
🅿 Pあり
中部 ▶ MAP 別 P8 C-3

ノスタルジックなレコード純喫茶

♡ ○
壁にもレコードが！
店内のレコードや曲が気になったら、店員さんに聞いてみよう♪

沖縄にはフォトジェニックなスイーツ店が豊富。国際通りの真夜中スイーツ（>>>P.91）もおすすめ

EAT

カフェ＆ベーカリー

沖縄そば

ごはん

スイーツ

ソウルフード

島食材

肉

ご飯

ナイト

なにはともあれまずココへ。

沖縄そばの実力店

沖縄の名物料理といえば、まずは沖縄そば。数ある沖縄そばの専門店の中でも、
地元客から旅行者にまで愛される、間違いなしの実力店をピックアップ。
昔ながらの素朴な味がたまらない、絶品の一杯を味わおう。

シンプルさが潔い
ベストオブ沖縄そば

POINT

ココが実力店の証！

①カツオだしスープ

カツオ節、豚肉、塩だけで
作るクリアなスープはあっ
さりとしていながらも旨み
が凝縮されている

②手打ち自家製麺

朝4時から仕込みを始め、
伝統製法で作られた麺はコ
シの強さが特徴

③トッピング

そばの上にのる具材は県産
の豚肉を泡盛と共に煮込ん
だ三枚肉と赤肉（ロース）

煮付け
450円

豚肉や大根、昆布、島豆腐の
自家製厚揚げなど。そばの味
を邪魔しない薄めの味付け

じゅうしい
250円

隠れたもう1つの名物。豚の
旨みがしっかりとご飯に染み
込んでいる

首里そば（中）
500円

そばメニューはこれ一品のみと
いうのが味への自信の表れ。注文
ごとに刻む針ショウガを添えて。

連日行列ができる有名店
首里そば
しゅりそば

開店前から行列ができる人気店。豚
肉とカツオ節でとったあっさりスー
プは絶品。昼過ぎには売り切れてし
まうので早めの時間がおすすめ。

上：家庭的な雰囲気でくつろげる
店内。座敷席とテーブル席があ
る 下：開店30分前には行列が！

那覇市首里赤田町1-7 コンサート
ギャラリーしろま1F ☎098-884-
0556 ⏰11:30～14:00（売り切れ
次第閉店）休木・日曜 🚃ゆいレール
首里駅から徒歩約5分 🅿あり

首里 ▶MAP 別P23 F-1

❀ WHAT IS

沖縄そば

カツオや豚骨ベースのあっさりとコクのあるスープに、小麦粉を使ったコシの強い麺が特徴。麺のつなぎにはかんすいの代わりにガジュマルなどの木灰を溶かした上澄み液を使うのが伝統の製法。

左：歴史ある古民家を利用した店内。畳の座敷でくつろげる
右：首里の高台にあり、緑に包まれた気持ちのいい空間も魅力

落ち着いた古民家のそばの店
沖縄そばの店 しむじょう
おきなわそばのみせ しむじょう

赤瓦屋根の古民家を利用した店。登録有形文化財の建物の縁側でくつろぎながら食事ができる。薬味の細切りショウガとネギでさっぱりと。

🏠那覇市首里末吉町2-124-1 ☎098-884-1933
🕚11:00～15:00（売り切れ次第閉店）🈯火・水曜
🚃ゆいレール市立病院前駅から徒歩約6分 🚗Pあり

首里 ▶MAP 別P19 E-1

プルプルのソーキはそばとの相性抜群！

こだわりの一杯をどうぞ！

ソーキそば 900円

じっくり煮込んだカツオ節と県産豚骨スープはあっさりしながらもしっかりとしたコクが。

てびち煮つけ
350円

手の込んだサイドメニューもぜひ一緒に。じっくり煮込んだてびちの煮付けがおすすめ

歯応えのある手打ち麺とあっさりスープのコンビ

ジューシー
250円

しっかりした味付けが特徴の手作り炊き込みご飯。限定100食なので売り切れ必至！

左：昔ながらの雰囲気で居心地のいい店内。座敷の小上がり席もある　右：県内でも指折りの人気店。大きな看板が目印

110年余りの歴史を持つ「風格」
沖縄そばの専門店 きしもと食堂
おきなわそばのせんもんてん きしもとしょくどう

明治38年創業の老舗。県内でもダントツの人気でいつも行列ができている。昼時は特に混雑するので、時間をずらしていくのがベスト。

🏠本部町渡久地5 ☎0980-47-2887 🕚11:00～17:00 🈯水曜 🚗許田ICから約23km 🚗Pあり

沖縄美ら海水族館周辺 ▶MAP 別P12 C-2

きしもとそば（大）930円

カツオスープと手打ち麺のコシの強さが自慢。昔ながらの伝統製法にこだわった自慢の一杯。

🍃 営業時間が短い店が多く、麺やスープが売り切れ次第閉店する店もあるので、最も混雑するお昼時を避けて早めに訪れるのが吉

EAT
カフェ＆ベーカリー
沖縄そば
ごはん
スイーツ
ソウルフード
島食材
肉
ナイト

EAT 05 バリエーション豊か！
いろいろ沖縄そば食べ比べ

ゆし豆腐

ゆしどうふそば（大）
800円　C

真っ白な沖縄そば！　その正体は、上からたっぷりかかった沖縄名物のゆし豆腐。あっさり＆さっぱりな味わいの中に豆腐のコクが広がる。
ゆしどうふ ➡ やわらかいおぼろ豆腐

ふわふわ食感のゆし豆腐がマッチ

隠し味は泡盛と爽やかなシークヮーサー

シークヮーサー

シークヮーサーそば
800円　F

大宜味村の特産物であるシークヮーサーとやわらかく煮込んだ三枚肉をトッピングした、爽やかな味のちちれ麺のそば。

てびちとたっぷり野菜がうれしい！

てびち

てびちそば（大）　850円　A

とろとろの食感が美味な豚足、てびちがドンとのったボリューム満点の一杯。たっぷりの野菜と共にいただく。
てびち ➡ 豚足のこと

ほんのりとした潮の香りが広がる

アーサ

アーサそば　950円　G

沖縄では「アーサ」と呼ばれるアオサを練り込んだ麺と、スープの上にもアオサがたっぷり。香りのよさが最大の魅力。
アーサ ➡ 海藻のアオサのこと

沖縄そばはおいしーさー

❀ WHAT IS
沖縄そばのお供

No.1 コーレーグース
唐辛子を泡盛に漬け込んだ調味料。辛いので味見をしながら入れてみよう。

No.2 紅しょうが
好みでちょい足しして楽しむ。ピリッとした風味がそばの味を引き立てる。

シンプルな定番ものから、沖縄ならではの食材とコラボしたユニーク系まで、バリエーション豊かな沖縄そば。人気店の看板メニューを試してみて。

昔ながらの八重山そばは丸細麺がポイント!

八重山

八重山そば（並）
650円　**B**

沖縄そばの仲間で、石垣島ならではのご当地グルメ、八重山そば。断面が丸いまっすぐな細麺が特徴。

八重山 ➡ 石垣島などを八重山（やえやま）諸島と呼ぶ

甘辛ソーキ

とろとろの甘辛ソーキ × 炙り塩味三枚肉は絶品

今帰仁そば
850円　**E**

あっさりスープに、とろとろになるまで煮込んだソーキ肉と炙り塩味三枚肉がベストマッチ。

フーチバー

沖縄県産のヨモギを練り込んだニューウェーブ

フーチバーそば（中）
880円　**D**

沖縄産のヨモギを麺に練り込み、ヨモギの葉をトッピングしたもの。香りがよく、意外にもクセのない上品な味わい。

フーチバー ➡ ヨモギのこと

🏠 SHOP LIST 〰〰〰

A そば屋よしこ

豚足入りのてびちそばが名物。カツオだしをベースにしたあっさりスープが絶妙。

🏠本部町伊豆味2662　☎0980-47-6232　🕐10:00〜15:30　㊡火・金曜　🚗許田ICから約13km　🅿あり

沖縄美ら海水族館周辺　▶MAP 別P13 D-2

B 八重山そば ジュネ

丸細麺に短冊切りのロース肉とカマボコがのった、八重山そばが看板メニューの人気店。

🏠那覇市前島3-9-21　☎098-868-5869　🕐11:30〜18:00（売り切れ次第終了の場合あり）　㊡日曜　🚃ゆいレール美栄橋駅から徒歩約8分　🅿なし

那覇　▶MAP 別P20 B-1

C 高江洲そば

沖縄の伝統食、ゆし豆腐を麺に絡ませながら食べる絶品の「ゆしどうふそば」が名物メニュー。

🏠浦添市伊祖3-36-1　☎098-878-4201　🕐10:00〜16:00（売り切れ次第閉店）　㊡日曜不定休　🚗西原ICから約4km　🅿あり

中部　▶MAP 別P6 C-1

D 麺処 てぃあんだー

数種類の小麦粉を使った1日100食限定の自家製麺が評判。なかでもヨモギ入りの麺が人気。

🏠那覇市天久1-6-10　☎098-861-1152　🕐11:00〜14:00（売り切れ次第閉店）　㊡月・火曜　🚃ゆいレールおもろまち駅から徒歩約20分　🅿あり（有料）

那覇　▶MAP 別P19 D-1

E 今帰仁そば

店は、やんばるの自然を感じられるフクギに囲まれた古民家を改装。店主手作りの漆喰のオブジェが置かれた庭も見どころ。

🏠今帰仁村諸志181　☎0980-56-5782　🕐11:30〜15:00　㊡火・水曜　🚗許田ICから約23km　🅿あり

沖縄美ら海水族館周辺　▶MAP 別P13 D-1

F レストランやんばるシーサイド

鶏ガラのスープに、大宜味産の泡盛「まるた」をブレンドして、あっさりとまろやかなスープに仕上げた。

🏠大宜味村字津波95 A棟　☎0980-44-2233　🕐11:00〜15:00　㊡不定休　🚗許田ICから約22km　🅿あり

首里　▶MAP 別P14 C-1

G 沖縄そばと茶処 屋宜家 >>>P.45,47

🍴 EAT

カフェ＆ベーカリー

沖縄そば

ごはん

スイーツ

ソウルフード

島食材

肉

ナイト

😋沖縄そばのバリエーションの中でも、「ゆし豆腐そば」や「てびちそば」は定番。沖縄そば専門店や食堂で食べられる

昔ながらの空間でほっとひと息

古民家でまったりごはん

沖縄の伝統的な建物を利用した琉球古民家のレストランが人気。
ランチメニューがおすすめの食事処や、夜はムード満点の居酒屋で、
沖縄らしい雰囲気を味わいながらのんびり食事を楽しもう。

海近ロケーションで
雰囲気がよい！

昼ごはん

昔ながらの琉球古民家で
沖縄料理を堪能！

琉球古民家で丁寧に作り込まれた
食事を楽しもう

本部の海と山に囲まれており、気持ちのよい景色を眺
めながら食事ができる

ロケーション抜群の古民家
うちなーの味 石なぐ
うちなーのあじ いしなぐ

和食と琉球料理の専門店。高台にあり、庭か
らは本部の海が見える。木造の店内は落ち
着いた雰囲気でゆっくりできる。宿も併設。

🏠本部町渡久地778-2 　☎0980-47-3911
🕐11:30～14:00、18:00～22:00（食事のラス
トオーダーは20:30）　🈺木曜　🚗許田ICか
ら約23km　🅿あり

沖縄美ら海水族館周辺 ▶MAP 別P12 C-2

コレをオーダー

いなむどぅち定食　1600円
白味噌で作られる具沢山の味噌汁に、
刺身などが付いた定食

上：木のぬくもりを感じる広々とした座敷の
ある店内　下：置物も古民家風のアクセント
に

こちらも！

なかみ汁定食　1600円
たっぷりのなかみ汁にもず
く酢や刺身が付いた定番
の定食も

EAT
カフェ＆ベーカリー
沖縄そば
ごはん
スイーツ
ソウルフード
島食材
肉
ナイト

WHAT IS

琉球古民家

琉球古民家は赤い瓦屋根や高い石垣などが特徴。築100年以上の建物は、文化財に登録されているものも。古民家を改装したレストランやホテルは、時間を忘れてのんびりとくつろげると人気が高い。

赤瓦
左官職人が漆喰で作る。瓦屋根の家のことは「カーラヤー」と呼ぶ

シーサー
屋根の上にのったシーサーは悪霊をはらう魔除けの意味がある

ひんぷん
門と母屋の間にある屏風のような石積みの塀。目隠しのためや、悪霊が入るのを防ぐためにつくられる

昼ごはん　緑の中の古民家でまったりランチとデザートも！

おばあちゃんの家みたい！

①足をのばしてくつろげる畳敷きの母屋　②予約用の離れも素敵　③中庭を囲むように立つ古民家。手入れの行き届いた庭を眺めながら食事ができる

コレをオーダー

アーサそばセット　1250円
アオサの香りがポイント。ジューシーなども付く

豆乳入りクリームぜんざい　480円
手作りの黒糖あずきの上に、100％の豆乳がかかっている

黒蜜きなこ黒糖ぜんざい　450円
ふわふわのかき氷に上品な甘さの黒蜜きなこがたっぷり

カフェ使いもできる
沖縄そばと茶処 屋宜家
おきなわそばとちゃどころ やぎや

カーラヤーと呼ばれる沖縄伝統の瓦葺き屋根の家で、沖縄料理を提供する。敷地全体が国の登録有形文化財にも指定されている。
>>>P.42、47

🏠八重瀬町大頓1172　☎098-998-2774　🕐11:00〜15:15（祝日の場合は営業）🈹火曜　�',南風原ICから約7km　🚗Pあり

南部　▶MAP 別P5 D-2

上：落ち着いた一軒家の食堂　下：畳のある店内でゆっくりと過ごせる

コレをオーダー

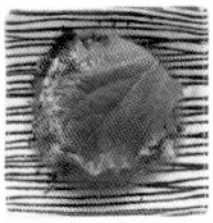

石畳定食 1600円
沖縄の伝統料理の、ふーちゃんぷるーやミミガー、ゆし豆腐など14品がセット。デザート付き

沖縄民家を感じる
うちなー料理 首里いろは庭
うちなーりょうり しゅりいろはてい

ジーマミー豆腐やイリチーの炒め煮などなど、多彩な琉球料理を味わえる豪華な定食メニューがおすすめ。

🏠那覇市首里金城町3-34-5　☎098-885-3666　🕐11:30〜15:00、18:00〜21:00　🈹水曜　🚃ゆいレール首里駅から徒歩約19分　🚗Pあり

首里　▶MAP 別P23 E-2

🐾琉球古民家は、日よけや風通しのよさを追求した工夫がなされているので、夏でも涼しくゆったりと過ごせる

絶対食べたい涼スイーツ
沖縄流ぜんざいでひんやり

ほっくり甘い金時豆やあずきの上に、きめ細かなかき氷をたっぷりのせたぜんざい。
冬でも楽しめる沖縄ならではの涼スイーツを、地元でも有名な人気店で食べ尽くそう！

上：店は座喜味城跡のすぐそばにある
下：座喜味城跡で食べられる店主オスス
メスポット

全て手作りの沖縄ぜんざい
鶴亀堂ぜんざい
つるかめどうぜんざい

黒糖で6時間以上煮込んだ金時豆
や白玉など、手作りにこだわる店。
紅イモなど沖縄ならではの食材と
の組み合わせがユニーク。

🏠 読谷村座喜味248-1
☎098-958-1353
🕐11:00～17:00　🈺 火・水曜（7～
8月は水曜のみ）　🚗 石川ICから約
12km　🅿Pあり

西海岸リゾート　▶MAP 別P9 D-1

店内利用時はHPより要予約（別
途1100円）

隠し味のショウガが
ポイント！

TRY

**紅芋黒糖ぜんざい
750円**

ふわふわのかき氷の下
には金時豆と白玉が。黒
糖ショウガのシロップが
アクセントで、甘すぎず
ちょうどいいバランス

左：雑誌やテレビなどでも度々紹介される有名店　右：冷やしも
んのほかに、沖縄そばなどの食事メニューも充実している

海外からも熱視線
いなみね冷やし物専門店
お食事処
いなみねひやしものせんもんてんおしょくじどころ

創業から20年以上の老舗。看板メニューは
フルーツで動物の顔を表現したかわいいか
き氷。昔ながらの店内の雰囲気も心地いい。

🏠 糸満市糸満1486-3　☎098-995-0418
🕐11:00～18:00　🈺 火曜
🚗豊見城・名嘉地ICから約6km　🅿Pあり

南部　▶MAP 別P4 B-2

！

太マユがキュートな
白くま氷にキュン♡

小サイズもある。
金時メロン　650円

TRY

白熊　750円

ボリュームたっぷり
なミルクかき氷の下
には白玉と金時豆が。
溶ける前に素早く食
べるのがポイント！

EAT

カフェ＆ベーカリー

沖縄そば

ごはん

スイーツ

ソウルフード

島食材

肉

ナイト

✿ WHAT IS

沖縄の ぜんざい

「ぜんざい」といえばお餅や白玉の入った温かいお汁粉を思い浮かべるが、南国・沖縄のぜんざいは、甘く煮た金時豆の上にかき氷などがのった冷たいスイーツのこと。ちなみに、温かいぜんざいのことは「ホットぜんざい」と呼ぶ。

カフェとしても使える
沖縄そばと茶処 屋宜家
おきなわそばとちゃどころ やぎや

沖縄そばが評判の琉球古民家の食事処ながら、スイーツも絶品。ぜんざいは数種類あり、レギュラーサイズとハーフサイズを選べる。
>>> P.42、45

`南部` ▶MAP 別P5 D-2

琉球古民家でくつろげる

湯のみや茶碗は伝統的なやちむん

豆乳入りクリームぜんざい 580円

甘さ控えめで食べやすい！

TRY

黒蜜きなこ黒糖ぜんざい
450円
口の中でさらっと溶けるかき氷は、上品な口当たり。こっくりと煮込んだ金時豆と黒蜜・きなこの相性は抜群

ぜんざいといえばココ！
新垣ぜんざい屋
あらかきぜんざいや

メニューは「氷ぜんざい」のみ。8時間以上煮込んだ金時豆の上にふわふわの氷がのった絶品を召し上がれ。

🏠 本部町渡久地11-2　☎0980-47-4731　🕐12:00～18:00（売り切れ次第閉店）　🗓月曜（祝日の場合は翌日休）　🚗許田ICから約23km　🅿あり

`沖縄美ら海水族館周辺` ▶MAP 別P12 C-2

お店は本部町営市場近く

食券を買ってカウンターで注文する

中に金時豆が隠れているよ

創業60年以上の老舗の味

TRY

ぜんざい　350円
2時間かけてザラメで煮込んだ金時豆のぜんざい。黒糖蜜の甘さが絶品！

沖縄食堂の絶品かき氷
ひがし食堂
ひがししょくどう

メニュー豊富な沖縄食堂。軽い口溶けのかき氷やぜんざいなどの甘味も人気。那覇市おもろまちには姉妹店「ひがし食堂Jr.」もオープン。

🏠 名護市大東2-7-1　☎0980-53-4084　🕐11:00～18:00　🗓無休　🚗許田ICから約7km　🅿あり

`沖縄美ら海水族館周辺` ▶MAP 別P12 B-3

赤瓦が目印の沖縄らしい店

昔ながらの雰囲気が落ち着く店内

ミルクぜんざいなど種類が豊富

3種類の味を一度に！

TRY

三色みぞれ　350円
パウダースノーのようなさらさらとした氷の上に、贅沢にも3種のシロップがかかる

🍧 沖縄のぜんざいはあずきでなく黒糖で煮た金時豆を使うことが多い。粒が大きくてほっくりした食感が特徴

47

EAT
08

お手軽Ｂ級グルメの代表選手

うまうまタコス＆タコライス

小腹がすいたとき、テイクアウトで軽く食べたいときにぴったりなのがタコス＆タコライス。
歴史ある有名店で、地元の人にもおなじみの味を試してみよう！

タコライス発祥の店で
本物を味わう

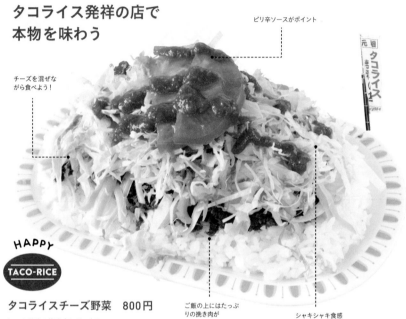

ピリ辛ソースがポイント

チーズを混ぜな
がら食べよう！

HAPPY
TACO-RICE

タコライスチーズ野菜　800円

しっかり味の挽き肉には、まろ
やかなチーズとしゃっきり野菜
のトッピングが好相性

ご飯の上にはたっぷ
りの挽き肉が

シャキシャキ食感
の千切りレタス

左：本店のほかに、喜友名店や宜野湾の長田店がある　右：セル
フサービスの店内。料理は自分で席まで運ぶ

元祖タコライスの有名店
キングタコス 金武本店
キングタコス きんほんてん

沖縄風のタコライス発祥の店として知られ
る。ボリューム満点かつリーズナブルで、地
元客や観光客から長年根強い人気を誇る。

🏠金武町金武4244-4　☎090-1947-1684
🕐10:30〜21:00　🈔無休
🚗金武ICから約3km　🅿Ｐあり

中部　▶MAP 別P11 D-3

TACOS

タコス（4ピース）　800円
バリバリとした食感のハードタイプ
のタコス。2ピースは400円

料理をカウンターで注文する

✿ WHAT IS

タコライス

沖縄発祥のタコライスは、
メキシコ料理のタコスの
和風バージョン。挽き肉や
チーズ、レタス、トマトな
どのタコスの具材を、トル
ティーヤの代わりにご飯
にのせて食べる。ピリ辛の
タコソースが意外とご飯
にマッチする。

NICE

国際通り周辺なら「LUCKY TACOS」へ！

国際通りから1本入った、平和通り沿いにあるタコス＆タコライスの専門店。タコシェルはサクサクしつつも、もちもちした食感が特徴。>>>P.92

LUCKY TACOS
ラッキー タコス

♠那覇市牧志3-1-11 プレストビル2F ☎098-868-3502 ⏰11:00〜18:00 ㊡火曜 🚃ゆいレール牧志駅から徒歩約6分 🅿Pなし

`那覇` ▶MAP 別P21 D-2

🌮TACOS タコス　290円（1ピース）
もちもちとした食感の皮が特徴。中の具はビーフ、チキン、ツナの3種類から選べる

左:アメリカ文化が色濃く残された、コザ地区のパーク・アベニューにある　右:レトロな雰囲気も魅力

ユニークなインテリアの店内

半世紀以上愛され続ける店
チャーリー多幸寿
チャーリーたこす

元祖沖縄タコス専門店。自家製トルティーヤのタコスはビーフ、チキン、ツナの3種類。タコスは290円〜で各種セットメニューもある。

♠沖縄市中央4-11-5 ☎098-937-4627 ⏰11:00〜18:45（完売次第終了） ㊡木曜（祝日の場合は営業）🚗沖縄南ICから約2km 🅿Pあり

`中部` ▶MAP 別P8 B-2

左:セルフサービスの店内　右:創業から約47年の歴史を持つ老舗

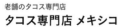

サボテンのオブジェなどメキシコらしいインテリアも楽しい

老舗のタコス専門店
タコス専門店 メキシコ
タコスせんもんてん メキシコ

チーズ、レタス、ミートと手作りの皮のバランスが絶妙なタコス。持ち帰りもできるので、小腹がすいたときはテイクアウトしてみよう。

♠宜野湾市伊佐3-1-3 1F ☎098-897-1663 ⏰10:30〜18:00（売り切れ次第終了） ㊡火・水曜 🚗北中城ICから約5km 🅿Pあり

`中部` ▶MAP 別P8 B-3

🌮TACOS タコス　740円
食感のよいやわらかめの自家製トルティーヤにチリパウダーで味付けした挽き肉をトッピング

EAT

カフェ＆ベーカリー

沖縄そば

ごはん

スイーツ

ソウルフード

島食材

肉

ナイト

🍴タコスの皮（トルティーヤ）は、パリパリのハードタイプやソフトタイプなど、店によって個性がある

食べ応え充分で満足度バツグン

ハンバーガーにかぶりつく！

ダブルチーズバーガー　1430円

バンズやBBQソースなど自家製の食材だけでなく重ね方なども工夫した、オーナーこだわりのひと品

HAMBURGER

ふんわりやわらかな
自家製バンズ

つなぎを使わず
肉そのものの味
を楽しめるパテ

ANOTHER CHOICE

パイナップルベーコン
チーズバーガー
1430円

炭火で焼いたパイナッ
プルと相性バツグン！

味わって
食べてね！

特製パテにかぶりつこう

GORDIES
ゴーディーズ

粗挽きの牛肉ミンチを使ったパテや、食感にこだわったバンズなど、アメリカンスタイルのハンバーガーが味わえる。ドリンク、ピクルス付き。

🏠北谷町砂辺100-530　☎098-926-0234
⏰11:00～19:30　㊡不定休　🚗沖縄南ICから約6km
🅿️Pあり（30台）

中部　▶MAP 別P22 A-1

左:店内はレトロなアメリカンスタイル。アンティーク風のインテリアが印象的　右:外国人住宅を利用した店舗

ルートビア レギュラー
サイズ　280円

HAMBURGER

ザ★A&Wバーガー　840円

牛肉のパテやレタス、トマトのほか、薄切りの黒糖ペッパーポークとクリームチーズがアクセント

ANOTHER CHOICE

クルリと捻れたポテトフライにスパイシーソースとチーズをかけた人気のサイドメニュー、チリチーズカーリーフライ&チップス
500円

元祖ファストフード店

A&W 牧港店
エイ アンド ダブリュ まきみなとてん

沖縄初、そして日本初のファストフード店と言われる、アメリカ発のハンバーガーのショップ。沖縄で人気の炭酸飲料、ルートビアでも有名。

🏠浦添市牧港4-9-1　☎098-876-6081
⏰24時間　㊡無休
🚗西原ICから約4km　🅿️Pあり

中部　▶MAP 別P6 C-1

僕はルーティ
ふらっと
出現するよ！

※店内飲食時の価格を記載

EAT

カフェ＆ベーカリー

沖縄そば

ごはん

スイーツ

ソウルフード

島食材

肉

ナイト

肉汁あふれるパテにシャキッとしたフレッシュ野菜。
ボリューム満点の特製ハンバーガーは、
アメリカ文化の色濃い沖縄らしい名物グルメ。
それぞれに工夫を凝らした専門店で、がっつり食べたい！

❀ WHAT IS

ルートビア

沖縄のハンバーガー店でよく目にする、アメリカ発祥のハーブをブレンドしたノンアルコールの炭酸飲料。独特の甘みのある不思議な味がクセになる。

HAMBURGER

スペシャルバーガー　1280円

自家燻製した厚切りベーコン、特注粗挽き牛肉にもとぶ牛の脂をあえたパテの肉満載バーガー

上：古民家をカフェ風に改装したくつろげる店内
下：手作りのパンも評判

手間ひまかけた自家製バーガー

ととらべべハンバーガー

パンからソースまで、全て自家製にこだわる、ハンバーガー専門店。独自のスパイスが効いたサクサクのポテト380円はやみつきに。

🏠 本部町崎本部16
☎ 0980-47-5400　🕐 11:00〜15:00
㊡ 木曜　🚗 許田ICから約20km
🚙 Pあり

沖縄美ら海水族館周辺　▶ MAP 別P12 C-2

ANOTHER CHOICE

**アボカドチーズバーガー
1380円**

絶妙なバランスでたっぷりのアボカドとパテ、濃厚なチーズなどをサンド

ポテトも大好き！

HAMBURGER

ぬーやるバーガー　450円

ゴーヤースライス、卵、ポークが入った沖縄らしい取り合わせ。「ぬーやるばーがー」は「なんだこりゃ」の意

上：広々したシンプルな店内
下：シックな外観。ランチタイムだけのサービスもある

地元愛あふれるオリジナルバーガー

Jef 豊見城店

ジェフ とみぐすくてん

沖縄発のハンバーガーのチェーン店。チーズバーガーなど定番のほか、ゴーヤーなど沖縄ならではの食材を使ったご当地バーガーも。

🏠 豊見城市字田頭66-1
☎ 098-856-1053　🕐 6:30〜23:00
㊡ 無休　🚗 那覇空港から約3km
🚙 Pあり

南部　▶ MAP 別P18 B-3

お得なセットもあるよ！

ANOTHER CHOICE

ミニバーガーは3個で380円

※2024年5月時点での価格を記載

早起きして食べたい！

朝食カフェで一日をスタート

ベジタリアンメニューやハワイ生まれのスイーツ系など、ヘルシー＆おいしい朝ごはん。
こだわりメニューを提供するおしゃれなカフェで一日の好スタートを切ろう。

BREAKFAST CAFE
FRENCH TOAST

フレンチトースト
フルーツスペシャル　1760円
ふわとろ食感のフレンチトースト
にフルーツがどっさり。バナナやブ
ルーベリー、ストロベリー、グラノー
ラが入ってボリューム満点

フワフワ＆
モチモチな食感

ナッツナッツ
パンケーキ　1100円
食感のいいナッツたっぷりの
パンケーキはバナナを添えて。
1日100食限定の人気メニュー
で、お昼頃に売り切れることも

BREAKFAST CAFE
PANCAKE

TAKE OUT

甘さ控えめのオリ
ジナルグラノーラ
は950円。おみや
げに人気

オリジナル
パンケーキは
12種類！

左:明るい店内。インテリアはおしゃれな北欧家具でそろえている　右:
食材は近くにある第一牧志公設市場から仕入れている

左:男女問わず、また外国人客も多く訪れ、閉店ギリギリまで人が絶えな
い人気店　右:国道58号沿いにありドライブ途中の立ち寄りにも便利

沖縄素材を使ったハワイアンメニュー
C&C BREAKFAST OKINAWA
シーアンドシー ブレックファスト オキナワ

県産フルーツや島豆腐など、沖縄の素材を使ってハワイ
風にアレンジした朝食をいただける。朝食メニューは料
理研究家の山之内裕子氏がプロデュース。>>>P.88

🏠那覇市松尾2-9-6　☎098-927-9295
🕐9:00〜14:00（土・日曜、祝日8:00〜）　㊡火曜
🚃ゆいレール牧志駅から徒歩約10分　🅿なし

那覇　▶MAP 別P21 D-3

気分はハワイの片田舎
Hawaiian Pancakes House Paanilani
ハワイアン パンケーキ ハウス パニラニ

海沿いにあるロケーションも魅力のパンケーキ専門店。
バターミルクを配合し、ふわふわ、もちっとした食感に仕
上げた生地はスイーツ系にも食事系にもぴったり。

🏠恩納村瀬良垣698　☎098-966-1154
🕐7:00〜16:30（朝7時のみ予約可）　㊡無休
🚗屋嘉ICから約9km　🅿あり

西海岸リゾート　▶MAP 別P10 C-2

HOW TO

EAT

カフェ＆ベーカリー

沖縄そば

ごはん

スイーツ

ソウルフード

島食材

肉

ナイト

朝カフェ

朝食が自慢のカフェはだいたい7〜8時頃からオープンする店が多い。メニューに「朝食」と書いてあっても一日中オーダーできる店や、朝の時間帯のみ営業の店などそのスタイルはさまざまなので、お店を訪れる前に朝メニューや営業時間、予約が可能かなどについて確認するのがベター。

HAPPY

BREAKFAST CAFE
YAKUZEN

卵がとろーり！

BREAKFAST CAFE
EGGS BENEDICT

薬膳朝食　3850円
ニガナなどの島野菜を中心に、約50品目の食材を使用。シンプルで優しい味わい

エッグズベネディクト　1260円
イングリッシュマフィンにベーコンやアボカド、ポーチドエッグをのせたアメリカンな朝食

その日によって違うお茶を楽しめる！

ANOTHER MENU
カフェラテ（ショート）　520円
自家焙煎豆を使用したこだわりの一杯。ミルクは沖縄県産牛乳を使用し、甘みのある味わい

左：広々とした席で朝の優雅なひと時。右：場所は国際通りを1本入ったところ。赤瓦の門が沖縄らしい

左：店内では自家焙煎のコーヒー豆やオリジナルグッズを販売。右：海のような鮮やかな青色の扉が特徴

ヘルシーな薬膳朝食
沖縄第一ホテル
おきなわだいいちホテル

1955年創業の老舗ホテルでいただける、知る人ぞ知るヘルシーな朝食。創業者の島袋芳子さんが考案した栄養満点の薬膳朝食で、胃も心も満たされる。

🏠 那覇市牧志1-1-12　☎098-867-3116
🕐 朝食は8:00、9:00（入れ替え制）
🚃 ゆいレール県庁前駅から徒歩約7分　🅿Pあり
【那覇】　▶MAP 別P20 B-2

アメリカンスタイルのカフェ
FLAP COFFEE and BAKE SHOP
フラップコーヒーアンドベイクショップ

アメリカンブレックファーストがコンセプト。人気の朝食プレートは5種類ほど提供。シナモンロールやブラウニーなど焼き菓子も豊富で、コーヒーとの相性も◎。

🏠 名護市茂佐の森4-19-3　☎098-038-9027
🕐 8:00〜17:00　🚫木曜
🚗 許田ICから約10km　🅿Pあり
【沖縄美ら海水族館周辺】　▶MAP 別P13 D-3

EAT 11

テイクアウトもイートインも！

こだわりのご当地パン

自家製の天然酵母を使ったこだわりの店から外国人住宅のおしゃれなベーカリーまで、
個性的なパンの店が沖縄で人気上昇中！ ドライブのお供にテイクアウトするのも◎。

丘の上に佇むベーカリーでくつろぎカフェタイム

朝は10食限定のA
Mプレートも人気

24時間発酵させた、風味豊かなパンが並ぶ

テーマは「食事に合うパン作り」

PLOUGHMAN'S LUNCH BAKERY

ブラウマンズ ランチ ベーカリー

緑に囲まれた一軒家のベーカリー。セミハードな
自家製パンは昼前に売り切れてしまうこともある
人気店。早めの来店がおすすめ。>>>P.133

🏠 北中城村安谷屋 927-2 #1735
☎ 098-979-9097　⏰ 9:00 ～ 15:00　🈺 日曜
🚗 北中城ICから約2km　🅿 あり

中部 ▶ MAP 別P8 B-3

①緑と一体化したような入口
②テラス席で食事も可能

RECOMMEND

アボカドのオープンサンド 1400円
酸味が効いたアボカドとカリッとした
ナッツが、もちもちの食パンとマッチ

**県産アグーソーセージのホットドッグ
1400円**
ジューシーなソーセージとハード系の
パンは食べ応え抜群

パンが焼き上がる
幸福な香りに包まれる

①パンのいい香りが漂う店内　②座喜味城跡近くの緑に囲まれた店　③かけ継ぎで育てた天然酵母と沖縄素材を使う　④カフェスペースもある

手間ひまかけた優しいパン

パン屋水円
パンやすいえん

石臼で挽いた小麦粉と自家製天然酵母、水、塩のみでシンプルに作ったパンが人気。カフェスペースもあるので、その場でできたてパンをいただける。

♠読谷村座喜味367
☎098-958-3239
🕙10:30〜17:00
🚫月〜水曜
🚗石川ICから約15km　🅿Pあり
西海岸リゾート　▶MAP 別P9 D-1

▶MAP 別P9 D-1

RECOMMEND

全粒粉の大きなパン
650円
全粒粉のほのかな甘みがある、食事にぴったりのシンプルなタイプ

黒糖チーズパン
290円
黒糖が練り込まれた生地に、チーズのアクセントがぴったり

いちじくのライ麦パン
280円
定番のライ麦パンに、イチジクの独特の食感と風味をプラス！

店の外で飼われているロバ「わらちゃん」が人気者

RECOMMEND

①クロックムッシュ 300円　ふわふわなパンにチーズやホワイトソースがたっぷり　②コーヒーシナモンロール 260円　コーヒーラバーのためのパン♡　③てりたまチキンサンド 320円　お惣菜系のパンも人気！　④アーサとしらすガリバタバゲット 260円　沖縄素材のアーサが香るバゲット

洗練された空間の
おしゃれなベーカリー

①外国人住宅をフルリノベーション
②種類豊富で色鮮やかなパンが並ぶ
③こだわりの素材と製法で作られる

空間と素材にこだわったパン

AIEN BAKERY
アイエン ベーカリー

こだわりの空間で30種類以上のおいしいパンとコーヒーを一緒にいただけるベーカリー。

♠北中城村仲順263　☎なし　🕙8:00〜16:00　🚫月・火曜　🚗北中城ICから約3km　🅿Pあり
中部　▶MAP 別P8 B-3

▶MAP 別P8 B-3

🍴どの店も沖縄の素材を使用しており、こだわり製法のおいしいパンをいただける

EAT

カフェ＆ベーカリー

沖縄そば

ごはん

スイーツ

ソウルフード

島食材

肉

ナイト

こだわりの一杯でひと息

コーヒースタンドでいっぷく

県内で豆の栽培もする沖縄県は、隠れたコーヒー激戦区。その店こだわりの豆や味わい方で
絶品コーヒーをオーダー。店の雰囲気を楽しみながら、くつろぎのコーヒータイムを過ごしたい。

COFFEE STAND

わざわざ訪れたい
秘境のコーヒースタンド

小さな店内席もあります

HIRO COFFEE FARM OKINAWA

畑は家のうらにあります

県道沿いに立つ小さなスタンド。店の裏手の畑では、県産コーヒー豆を栽培中

店の裏手で
コーヒー豆を
育てています！

オーナーは
2代目の朋子さん

ハワイアンなコーヒースタンド
ヒロ・コーヒーファーム

トロピカルなハワイ風の手作りの
小屋がかわいい店。ブラジル産
コーヒー豆を使った淹れたてコー
ヒーと共に、手作りスイーツを。

🏠 東村高江85-25　📞 0980-43-21
26　🕐 13:00～18:00　🗓 火・水曜、
不定休
🚗 許田ICから約45km　🅿️ Pあり
やんばる　▶ MAP 別P15 E-1

こだわりの一杯
コーヒーS　750円

ブラジル産コーヒー豆を
自家焙煎し、一杯ずつド
リップ。沖縄産新鮮卵の
コーヒープリン500円も
おすすめ

🌿 WHAT IS

県産コーヒー豆

南米やハワイのイメージがあ
るコーヒー豆の栽培だが、亜
熱帯気候に属する沖縄でも
コーヒーが栽培されており、
国産コーヒーのルーツは沖縄
にあるという説もある。県産
コーヒー豆は隠れた名産品と
なっている。

COFFEE STAND

インダストリアルスタイルのコーヒー専門店

まるで工場のようなインダストリアル（工業）なインテリアがおしゃれ

コーヒー豆は購入可能

アメリカンなスタンド風カフェ
ZHYVAGO COFFEE WORKS OKINAWA
ジバゴ コーヒー ワークス オキナワ

バリスタが淹れるコーヒー店で、コーヒーシェイクが名物メニュー。海に面するデッキテラスの席はサンセットタイムがおすすめ。

🏠北谷町美浜9-46 ディストーションシーサイドビル1F
☎098-989-5023 🕐8:00～20:00 ㊡不定休
🚗沖縄南ICから約6km 🅿️Pあり

中部 ▶MAP 別P22 B-2

アイスモカ（Mサイズ）573円（税別）。ホットにもできる

こだわりの一杯
キャラメルマッドシェイク 637円（税別）
コーヒーシェイクとキャラメル、生クリームがマッチし、ボリュームも満点

アメリカンビレッジ内にある

COFFEE STAND

アーケード街の小さなコーヒー店

那覇中心部のアーケード街にある

左：その場で一杯ずつドリップ　右：コーヒー豆はテイクアウトも可能

味わい深い一杯を気軽に
THE COFFEE STAND
ザ コーヒー スタンド

世界中から厳選された豆を日替わりで味わえるコーヒー店。じっくり丁寧に淹れた自家焙煎コーヒーでひと息入れよう。

🏠那覇市松尾2-9-19 ☎080-3999-0145（上原）
🕐10:30～17:00 ㊡無休 🚃ゆいレール牧志駅から徒歩約9分 🅿️Pなし

那覇 ▶MAP 別P 21 D-3

こだわりの一杯
ドリップコーヒー（アイス） 600円～
日替わりコーヒー豆を使った一杯。カップにはその日の豆の説明が貼ってある

EAT

カフェ＆ベーカリー

沖縄そば

ごはん

スイーツ

ソウルフード

島食材

肉

ナイト

沖縄県民の長寿の秘訣！？

島食材でヘルシーランチ

長寿県として知られる沖縄の健康の秘訣は、その土地でとれた食材にあり！
さまざまな種類がある島野菜や島魚が味わえるごはん処へ出かけよう。

野菜パワーで
元気になれる！

ニガナの白和え
胃腸によいと言われる
苦菜と島豆腐のあえ物

パパイヤの福神漬
熟す前の青いパパイヤ
を福神漬にしたもの

まかちぃくみそぅれランチ　2100円
季節の食材を使う分だけ収穫し、一つ一つ手の込んだ家
庭料理に。野菜を使ったおかず、じゅーしー、デザートのサ
ーターアンダギーなど約16品目。(価格は変動あり)

SIDE MENU
ひらやーちー　650円
沖縄風のお好み焼き。もち
もち食感がおいしさの秘密

ゆし豆腐と葉大根の味噌汁
葉大根は鉄分やカルシウム、ビタミンAも豊富

左：アットホームな雰囲気の店内　右：緑がいっぱいの店は、家庭的な雰囲気。近所にある自家菜園の野菜を使用した栄養満点の料理を提供

おばあの長寿の秘密がココに
笑味の店
えみのみせ

長寿の村と呼ばれる大宜味村
にある小さな食堂。栄養士の
資格を持つ店主の金城さんが
作る地野菜料理は、地元に古く
から伝わる家庭の味。

🏠大宜味村大兼久61　☎0980-
44-3220　🕐9:00～15:00（食
事は11:30～）※前日までの完
全予約制　㊡火～木曜　🚗許田
ICから約30km　🅿️Pあり

やんばる　▶MAP 別P14 C-1

この方が作りました！

新鮮な野菜を
味わってね！

金城笑子さん
えみこ
栄養士の資格を持つ
金城さん。1990年の
オープン以来、自家
菜園の野菜や県産島
野菜を使った家庭料
理を作り続けている。

ココがヘルシー！

①自家菜園でとれた野菜
店のすぐ近くにある菜園で収
穫する、とれたて野菜を使用。
野菜はその日食べる分だけ収
穫するというのがモットー

②オリジナルの健康茶
サービスの丸ごと大宜味茶は、
大宜味産のサクナ（長命草）、
緑茶、ウッチンの3種類のお
茶をブレンド

トレピチ鮮魚を郷土料理で！

グルクンの唐揚げ 900円（時価）
姿のままのグルクンは、骨と身の間に包丁を入れてから揚げるので食べやすい

自家製ジーマーミー豆腐 400円
店内で女将さんが手作りするジーマーミー豆腐。もっちもちの食感がたまらない！

タマンのマース煮定食 1500円（時価）
タマン（フエフキダイ）を塩と泡盛だけで煮た漁師料理「マース煮」は、シンプルながら絶品。

海人料理ならココ
紀乃川食堂
きのかわしょくどう

那覇の国際通りで30年間愛されてきた人気店が、店主の地元である本部に移転。その日仕入れた新鮮な魚を地元の食べ方で提供している。

🏠本部町健堅603
☎0980-47-5230
⏰11:00〜18:30（売り切れ次第終了）
休日曜 🚗許田ICから約23km
🅿Pあり

沖縄美ら海水族館周辺 ▶MAP 別P12 C-2

SIDE MENU

もずくとヨモギのかき揚げ 540円
ヨモギの香りがいい、サクッと軽い食感のかき揚げ。塩をつけていただく

上:昔ながらの素朴な佇まい
下:テーブル席とお座敷の小上がり席が選べる

イマイユ（鮮魚）を召し上がれ〜

糸満伝統の魚汁がうまい！

土鍋で食べる 魚汁定食 1480円
糸満の伝統的な魚汁。魚と野菜をたっぷり使い、ゴマとしょうゆベースの店オリジナルの味付け。

定食の前菜。マグロの粒ゴショウ焼きと刺身のサラダ仕立て

定食のデザートはさんぴん茶のプリン

うみんちゅ料理が自慢
糸満漁民食堂
いとまんぎょみんしょくどう

糸満漁港の近くにあり、とれたての新鮮な魚を味わえる人気食堂。港町ならではの、地元に伝わる漁師料理を提供している。

🏠糸満市西崎町4-17-7
☎098-992-7277
⏰11:30〜14:30、18:00〜21:00
休火曜、最終月曜の夜
🚗豊見城・名嘉地ICから約6km
🅿Pあり

南部 ▶MAP 別P4 A-2

上:モダンでカフェのようなおしゃれな店 下:テーブル席と小上がり席がある。店内ではオリジナルの調味料も販売している

OTHER MENU

本日のイマイユバター焼き定食 1680円〜（時価）
アオサと一緒にバター焼きにすることで香りよく仕上がる。この日の魚はビタロー

🍴 EAT

カフェ&ベーカリー

沖縄そば

ごはん

スイーツ

ソウルフード

島食材

肉

ご飯

ナイト

🌺 WHAT IS

知ってる？ 島野菜

沖縄ならではの滋養たっぷりの野菜たちがこちら。

ゴーヤー
県外でも今やおなじみの苦瓜。天ぷらやおひたし、サラダにも

シブイ
冬瓜のこと。沖縄ではよく食卓に上がる人気の食材

タイモ
水田で作られる里芋の一種。縁起物として正月料理などに使われる

知ってる？ 島魚

南国ならではの珍しい魚たちをご紹介。

グルクン
タカサゴのこと。沖縄県の魚に指定される。唐揚げが定番

アカジンミーバイ
沖縄の最高級魚で、ハタの仲間。刺身や汁物など、何でもOK

イラブチャー
真っ青な大型魚。アオブダイのこと。淡白な味でどんな料理にも合う

長寿大国沖縄の 食文化にせまる

沖縄独特の

今や長寿県ではない!?
沖縄の食文化の流れ

　長らく日本一の長寿県として、独走していた沖縄県。しかし、それは今や昔の話。2015年の統計では、長寿県1位は長野県と滋賀県。沖縄は女性は7位、男性はなんと36位にまで下落。

　昔の沖縄は、中国の影響を受け、「医食同源」の考えに基づき、体によいものを食べる意識が強かった。野菜や海藻、魚、豆腐などの健康的な食事を好んでいたのだ。しかし、アメリカ占領下にあった1960年代から、米軍の食文化が沖縄に流入。ハンバーガーやステーキ、ポークランチョンミートなどが流行り、食の欧米化が急速に始まった。この、高カロリー・高脂肪の食事が下落の原因に。

　とはいえ、現在の沖縄でも、昔同様の食事生活を好む文化も残っている。先人の知恵がたっぷり詰まった、沖縄の伝統料理を食べてみよう。特徴的な4大食材を長寿の所以とともに紹介。

昔ながらの沖縄料理は健康的さ～

① 余すところなく食べる

豚

沖縄料理は、「豚に始まり豚に終わる」と言われるほど豚が中心。内臓から耳、足、血に至るまで料理の材料に使われ、実際に爪と毛以外は全て食材になる。テビチやラフテーが豚肉料理の定番。

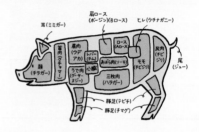

耳(ミミガー)　扇ロース(ボージン)(Bロース)　ヒレ(ウチナガニー)
肩肉(ウデ アカ)　レバー(チム)　ロース(Aロース)　尻尾(テビ ジリ)　尾(ジュー)
首肉(クブィマ)　心臓　うで肉(ゲー スジ)　あばら肉(ソーキ)　モモ(チビジリ)
腕(チラガー)　うで肉(ゲー スジ)　三枚肉(ハラガー)
豚足(テビチ)　豚足(チマグ)

ここで食べられる
やんばるダイニング 松の古民家 >>>P.64
島豚七輪焼 満味 >>>P.65
ゆうなんぎぃ >>>P.69　ほか

定食屋や居酒屋で食べられるよ!

② 栄養が凝縮した固い豆腐

沖縄豆腐

沖縄の島豆腐は、他県と比べると約1.4倍の植物性たんぱく質が含まれている。さらに、脂肪酸、ビタミン、ミネラル類などが豊富で、栄養がギュッと凝縮。島豆腐のほかにもユニークな豆腐があり。

ゆしどうふ
やわらかいおぼろ状の豆腐。そのままや、みそ汁の具にもなる

これが栄養満点の島豆腐!

島豆腐
固く大きいのが特徴。チャンプルーなどで調理される

じーまーみー豆腐
落花生から作られた豆腐。モチモチした食感

ここで食べられる
家庭料理の店 まんじゅまい >>>P.66
高江洲そば >>>P.43
紀乃川食堂 >>>P.59　ほか

4大食材

 昔ながらの食材はコレ！

③ ミネラルたっぷりの海の宝

昆布・海藻

昆布をよく食べる沖縄は、全国有数の消費量を誇る。代表的な食べ方はクーブイリチーという、刻み昆布の炒め物。もずくやアオサなどの海藻もよく使用され、長寿の方たちが常食してきたそう。

第一牧志市場周辺の商店などでも、種類豊富な乾物が売られている

ダシではなく食用で使用

クーブイリチー
長寿料理の一つとして有名で、お祝いの膳に欠かせない料理

🔲🔲🔲🔲 ここで食べられる

なかむら家 >>>P.68
沖縄そばと茶処 屋宜家 >>>P.45 ほか

④ 野菜感覚で食す

野草・薬草

沖縄は薬草の宝庫。 畑や家の周りに自生する野草・薬草を摘み取って料理に使用するそう。体の調子が悪いときに、その薬効を期待して食べられるほど親しまれている。お茶として飲むことも。

ゴーヤーに勝る苦みがある！

ニガナ
強い苦みが特徴。胃腸によいとされている

🔲🔲🔲🔲 ここで食べられる

麺処 てぃあんだー >>>P.43
笑味の店 >>>P.58
沖縄第一ホテル >>>P.53

グァバ
ビタミンCなど栄養豊富な果物。血糖値を下げる効果も

EAT

カフェ＆ベーカリー

沖縄そば

ごはん

スイーツ

ソウルフード

島食材

肉

ナイト

🌺 **WHAT IS**

沖縄で愛されるお酒・泡盛

夜のお供はやっぱりこれ！
沖縄料理店には必ず置いてある泡盛を味わおう。

カラカラとお猪口で一杯！

琉球王朝時代に
シャム国（現タイ王国）から伝来

15世紀初めに伝わったとされる泡盛。その頃の琉球は、3つに分かれていた王国を尚巴志が統一し琉球王国を築いた時代。シャムのアユタヤ王朝と盛んに貿易をしていた尚巴志が、南蛮酒を輸入し、その後泡盛の原型となる酒が造られたという。

泡盛の古酒（クース）

古酒とは、泡盛を寝かせて熟成させたもの。寝かせば寝かすほど香りが甘くなり、舌触りもまろやかになると言われ、3年以上熟成させたものが古酒と呼ばれる。普通のものに比べて値段は少し高価になり、おいしさも増！

オススメ

沖縄のみで販売する「神泉 古酒30度」や、金武鍾乳洞の古酒蔵で熟成された鍾乳洞貯蔵古酒〈龍〉40度などレアな泡盛にトライ！

泡盛の飲み方

蒸留酒の泡盛は、さまざまな飲み方ができる。水割り、ロック、お湯割り、ストレート、カクテルなどなど。沖縄の人は、水割りで2:8くらいにかなり薄めて飲む人が多いとか。

せっかく泡盛を飲むなら、きれいな琉球グラスで！

泡盛と相性のよい料理

沖縄料理は、全般的に泡盛と相性がよい。特に肉料理に合うと言われ、代表例がラフテー。豚をゆでるときに既に泡盛を使っているので、相性バツグン！ 豆腐を紅麹と泡盛などで漬け込んだ珍味・豆腐ようもおすすめ。

ラフテー

豆腐よう

🐾 豚を重宝する沖縄では「豚は鳴き声以外は余すことなく食べ尽くす」とも言われる。爪と毛以外は実際に食材として利用する

県民のソウルフードといえばコレ

がっつりステーキに夢中!

アメリカの食文化の影響を受けた沖縄には、老舗のステーキハウスが多数! 脂身の少ないしっかりとした外国産の赤身肉ステーキはスタミナ満点。昔ながらのレトロなお店でいただきます!

STEAK HOUSE

ステーキ通をうならせる
肉厚ジューシーの
デカ旨ステーキ

左:入り口の反対側にあるテラスからは中城湾を望む 右:レトロアメリカンな雰囲気が漂うインテリアも素敵!

かつてパブだった頃の面影が残るおしゃれな装飾

ジャンボステーキで知られる有名店
パブラウンジエメラルド

40年以上の歴史を持つ老舗レストラン。パブだった時代にシメに出していた秘伝ソースのステーキがヒットし、店の看板メニューになっている。

🏠北中城村島袋311 ☎098-932-4263 🕐11:30〜15:00、17:00
〜20:30(金・土・日曜、祝日は11:30〜20:30) 🈂無休 🚗沖縄南
ICから約4km Ｐあり

中部 ▶MAP 別P8 B-3

EAT

カフェ＆ベーカリー

沖縄そば

ごはん

スイーツ

ソウルフード

島食材

肉

ナイト

✿ WHAT IS

ステーキはシメの一品!?

お酒を飲んだあとのシメの定番といえば、ラーメンやお茶漬け。沖縄では、シメにステーキを食べる文化があり、それに合わせて多くのステーキハウスも夜遅くまで営業している。

味付けは A1ソースで

沖縄でステーキソースといえばコレ。酸味が効いた濃厚な味わいが特徴で、スーパーでも買える。>>>P.86

STEAK HOUSE

TENDERLOIN STEAK

テンダーロイン ステーキ 200g 4125円

上質なお肉のヒレのステーキ。脂身が少なく高たんぱく

多世代で楽しめる味
ステーキハウス88 辻本店

ステーキハウスはちはち つじほんてん

1978年のオープンから地元に愛され続けるお店。テンダーロインステーキをはじめ10種類以上のステーキメニューがある。

🏠 那覇市辻2-8-21
☎098-862-3553
🕐11:00～翌1:00　㊡無休　🚉ゆいレール旭橋駅から徒歩約15分
🚗Pあり

`那覇`　▶MAP 別P18 C-2

牛さんのプレートで ジュワッとアツアツが供される!

左:レトロな外観。国際通りにも姉妹店が4店舗ある 右:アメリカンダイナーのような店内

テーブルの上には店オリジナルの調味料も並ぶ

STEAK HOUSE

左:インテリアもレトロ 上:サイドメニューはタコス(5ピース)750円がおすすめ

沖縄ステーキ店の草分け
ジャッキーステーキハウス

1953年、アメリカ統治時代に開店した老舗。親しみやすい「昔ながらの味」を求めるお客さんで店内はにぎわっている。

🏠 那覇市西1-7-3　☎098-868-2408　🕐11:00～22:00　㊡水曜　🚉ゆいレール旭橋駅から徒歩約5分
🚗Pあり

`那覇`　▶MAP 別P18 C-2

「昔ながら」を守り続ける 創業65年以上の老舗の味

TENDERLOIN STEAK

テンダーロイン ステーキL 250g 3800円

脂が少なく、赤身の旨みを堪能できる。オージービーフを使用

左:創業当時の写真も 上:「空席あり」など店内の状況を知らせる信号機がユニーク

EAT
15

オーナーで
バーテンダーの
松下さん

おいしいのにはワケがある！
憧れのブランド肉をチョイス

アグー豚や石垣牛など、今や全国的に人気を集める沖縄の高級ブランド肉。
本場だからこそ可能なお得プライスで、スペシャルな肉の旨みを堪能しよう！

PORK DINING

古民家レストランで食す
希少な絶品アグー豚

AGU PORK

コレで2人前！

島黒豚 極しゃぶしゃぶセット
1人前 **3780円**（写真は2人前）

島黒豚は名護のブランド豚で、
アグー血統100％の希少な豚。
数量限定なので予約は必須！

左：築60年以上の古民家を利用した店内
右：毎晩満席になるので予約がベター

名物しゃぶしゃぶでほっこり
やんばるダイニング
松の古民家

やんばるダイニング まつのこみんか

築60年の風情ある古民家を改装した
レストラン。希少な「島黒豚アグー」な
ど、名護のブランド肉を使ったしゃぶ
しゃぶが名物メニュー。

🏠名護市大南2-14-5 ☎0980-43-0900
🕐17:30〜22:00 🈡日曜
🚗許田ICから約7.5km 🅿Pあり

沖縄美ら海水族館周辺 ▶MAP 別P12 A-3

こちらもオススメ！

くんちゃまベーコン　1404円
やんばる豚の首肉のベーコン。この部位
を食べられる豚は少なく、貴重な一品

県産フルーツの
オリジナルカクテル　各648円
見た目もキュートな創作カクテル。
リクエストに応じて作ってくれる

おしゃれなバースペースもある

アグー豚って？
沖縄固有で、今から約600年前に中国か
らもたらされた小型の「島豚」が由来。霜
降り肉で、脂に甘みと旨みがある。

写真提供：沖縄県畜産研究センター

🍀 WHAT IS

沖縄のブランド肉

かつて輸入肉がほとんどだった沖縄だが、近年さまざまな銘柄肉が登場している。もはや全国的人気の「アグー豚」、ウコンを飼料とする「沖縄ウコン豚」、石垣島で飼育された「石垣牛」、近年話題の「もとぶ牛」、弾力のある「やんばる地鶏」などが代表的。

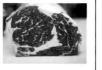

ブランド肉
食べたいメ〜

PORK DINING

古民家を改装した琉球の雰囲気を感じる名護の人気店

自家製スーチカーの炙り焼き990円

上質なやんばる島豚を
炭火でじゅわ〜っと味わう

やわらかく
程よい甘み！

YANBARU PORK

やんばる島豚をとことん味わう

島豚七輪焼 満味

しまぶたしちりんやき まんみ

やんばるの森でのびのび育ったあぐーと黒豚の配合種、やんばる島豚を香ばしく炭火焼きで楽しめる。野菜や調味料もやんばる産を極力使用している。

🏠名護市伊差川251　☎0980-53-5383
🕐17:00〜21:00　休月・月曜
🚗許田ICから約10km　🅿あり

沖縄美ら海水族館周辺　▶MAP 別P13 E-3

ホルモンは濃厚なタレでも◎

肉全盛り　3350円

17種類の部位を楽しめる、当店ならではの盛り合わせ

BEEF DINING

国道449号線沿い、本部半島にある店

広々とした店内。ボックス席のほか、カウンター席も

もとぶ牛の直営店で
複数部位を食べ比べ

タン元
choice tongue

上ロース
tenderest short loin

自社ブランド肉を直営店で堪能！

焼肉もとぶ牧場 もとぶ店

やきにくもとぶぼくじょう もとぶてん

自社牧場で成育した「もとぶ牛」を扱う焼肉店。ビール粕などの配合飼料を食べて育った「もとぶ牛」の肉は、甘さのある上質な脂身が特徴。

🏠本部町字大浜881-1　☎0980-51-6777
🕐11:30〜14:15,17:00〜21:30　休第2・4火曜　🚗許田ICから約23km　🅿あり

沖縄美ら海水族館周辺　▶MAP 別P12 C-2

MOTOBU BEEF

**上焼肉ランチ
2800円**

もとぶ牛上カルビ・上ロース、タン塩のセット。ライス・サラダ・スープも付く

もとぶ牛サーロインステーキ

もとぶ牛サーロインの、贅沢な厚切りステーキ。焼き加減はミディアム、レアなどお好みで

こちらもオススメ！

もとぶ牛は、「もとぶ牧場」の所有牛のみに付けられたブランド名。2013年度全畜連共進会 最優秀賞受賞（日本一）に輝いて以来人気に

65

昔ながらの雰囲気に癒やされる！

あんま～食堂で地元メシ

あんま～ = お母さん

ローカルな雰囲気が漂う地元の食堂では、手作りの沖縄の家庭料理を味わえる。
味がおいしいのはもちろんのこと、値段の安さやくつろげる空間も魅力！

うちな～んちゅの家庭料理が勢ぞろいする老舗

POINT
安い！

こちらもオススメ！

◎まんじゅまい炒め850円
ビタミンAとCがたっぷりのパパイヤの炒め物も人気メニュー

◎自家製ゆし豆腐定食
850円
毎日手作りするふわふわのゆし豆腐はシンプルで栄養満点メニュー

野菜をバランスよく食べてね

富永さん

地元客の憩いの場
家庭料理の店 まんじゅまい
かていりょうりのみせ まんじゅまい

松山にある地元客が集まる定食店。島豆腐や島野菜を使ったメニューは70種類以上。ゴーヤーちゃんぷる～もおすすめ。

🏠那覇市松山2-7-6 ☎098-867-2771
🕐11:30～14:30、17:30～22:00(祝日は17:30～22:00のみ) 🈳日曜、不定休 🚃ゆいレール美栄橋駅から徒歩約5分 🚗Pなし
那覇 ▶MAP 別P20 A-2

上:テーブル席と座敷の小上がり席がある
下:国際通りから徒歩すぐの裏通りにある

✿ **WHAT IS**

あんま一食堂

「あんまー」は沖縄の方言で「お母さん」のこと。初めて食べてもどこか懐かしい家庭料理は、地元客から観光客まで大人気。

左:1966年創業の老舗　右:常連の客足が絶えない店

地元客に人気の大衆食堂

お食事処 三笠 松山店

おしょくじどころ みかさ まつやまてん

老舗の大衆食堂。価格はほとんど700〜800円台という、安さとボリュームが最大の魅力だ。朝昼晩と3回食べても飽きない、老舗ならではの確かな味をお試しあれ。

🏠 那覇市松山1-12-20　☎098-868-7469　⏰9:00〜21:00　㊡木曜　🚃ゆいレール県庁前駅から徒歩約7分　🅿Pあり

那覇 ▶MAP 別P20 A-2

◎ **ポークと卵焼き**　700円
ポークランチョンミートと薄焼き卵との組み合わせがスタンダード

POINT
朝から営業

左:那覇市のアーケード街にある　右:通りに面してメニューのサンプルが並ぶ

黄色い看板が目印の有名店

花笠食堂

はながさしょくどう

沖縄家庭料理がズラリとそろい、定食に付くご飯は白米・赤飯・玄米から、汁物は中味汁・イナムルチなど5種類から選べる。

🏠 那覇市牧志3-2-48　☎098-866-6085　⏰11:00〜14:00、18:00〜19:00　㊡木曜　🚃ゆいレール牧志駅から徒歩約7分　🅿Pなし

那覇 ▶MAP 別P21 D-3

小橋川さん

アイスティーはサービスです!

◎ **花笠定食**　950円
てびちと厚揚げ、野菜を甘辛いダシで煮込んだ煮付けは家庭料理の代表格

POINT
サービス満点

🍙 最強お手軽メシ

"ポークたまごおにぎり"に挑戦

卵とポークランチョンミートを焼いた「ポークたまご」は県民のソウルフード。地元の味をご飯と合わせたポークたまごおにぎりが今、地元の人にも旅行者にも大人気。

牧志公設市場の近くにある

ポーたま 牧志市場店

ぽーたま まきしいちばてん

炊きたてのご飯で注文が入ってから作るポークたまごおにぎりは、できたてをすぐに食べるのがおすすめ。イートイン・テイクアウトも利用できる。

🏠 那覇市松尾2-8-35　☎098-867-9550　⏰7:00〜19:00　㊡無休　🚃ゆいレール牧志駅から徒歩約8分　🅿Pあり

那覇 ▶MAP 別P21 D-3

ポーたま　390円
ポークランチョンミートと卵をご飯で挟んだ最もスタンダードなメニュー

ココでも買えます
🛒

ポーたまほか鰹昆布や高菜など6種類入りのスタンダードボックス2700円

那覇空港国内線到着ロビー店
🏠 那覇空港国内線ターミナルビル1F
☎098-996-3588　⏰7:00〜21:00　㊡無休

北谷アメリカンビレッジ店
🏠 北谷町字美浜9-21(アメリカンビレッジ内)
☎098-921-7328　⏰7:00〜19:00　㊡無休

🍴 沖縄の大衆食堂は、ローカルな雰囲気がおもしろい。沖縄の本物の家庭料理をリーズナブルに味わえる

EAT

カフェ＆ベーカリー

沖縄そば

ごはん

スイーツ

ソウルフード

島食材

肉

ナイト

EAT 17

雰囲気もおもしろい居酒屋で

郷土料理と泡盛でほろ酔い

沖縄ならではの食材を生かした郷土料理を味わうなら居酒屋へ行くのがおすすめ。
メニューには島の名物料理や泡盛がずらり。個性豊かな伝統の味を食べ尽くそう!

料理長の目利きが光る
新鮮な魚の料理が美味!

新鮮な魚が
自慢です!

ビールと刺身で
晩酌、最高!

カウンターに
魚が並ぶよ!

左:いつもお客さんでにぎわう店内。那覇市の中心部にあり、
便利な立地も人気の理由　右:沖縄ならではの魚が並ぶ

新鮮な地魚料理を味わう

なかむら家
なかむらや

地元客も認める実力派の居酒屋。料理長が市場
で厳選した、旬の魚がそろう。仕入れたその日
に調理される、新鮮な刺身や煮魚がおすすめ。

🏠 那覇市久茂地3-15-2 ☎098-861-8751
🕐17:00～21:30 🈳日曜、祝日 🚃ゆいレール県庁
前駅から徒歩約3分 🅿Pなし

那覇 ▶MAP 別P20 B-2

必食メニューはコレ!

グルクン唐揚げ　660円～
カリカリの食感が美味。頭から骨まで食
べられる。量り売りのため値段は変動

豆腐よう
440円
豆腐を紅麹と泡盛
などで発酵。濃厚
な味わいの珍味

さしみ盛り合わせ　2640円(3人前)
イラブチャーなど沖縄らしい魚の刺身。
1人前から注文可

泡盛にトライ

菊之露をはじめ、泡盛の
種類も豊富

泡盛をゆっくり
飲んでいってね～

左:古民家を改装した趣のある店内　右:壁にずらっと貼られたメニューもおもしろい

カウンター席のほか、テーブル席や座敷も用意されている

泡盛にトライ

度数25度のソフトな味わい。グラス432円～

WHAT IS

泡盛って
こんなお酒

タイ米を原料とし、沖縄独特の黒麹菌を使って発酵させたお酒のこと。日本米を使って黄麹菌で発酵させる焼酎に対し、タイ米と黒麹菌を用いることで独特の風味が生まれるという。仕込みが1回のみのシンプルな製法であることも特徴。

古酒に挑戦する！
3年以上寝かせたものを古酒と呼び、熟成された芳醇な香りが魅力。

**初心者に
オススメな銘柄**
・菊之露
・残波
・瑞泉

泡盛酒場の先駆け
泡盛と琉球料理 うりずん
あわもりとりゅうきゅうりょうり　うりずん

沖縄の泡盛酒場をけん引してきた、1972年創業の老舗店。県内全酒造所の泡盛の主要銘柄をそろえ、店内にある巨大な甕ではオリジナル古酒も造っている。

🏠那覇市安里388-5（栄町市場内）
☎098-885-2178　🕐17:30～23:30　🈺無休
🚉ゆいレール安里駅から徒歩約1分　�car Pなし

[那覇]　▶MAP 別P21 F-2

必食メニューはコレ！

ドゥル天　800円
田いもに豚肉などを加えて練り上げた天ぷら

※価格変更の
可能性あり

ナーベーラーンブシー　594円
ヘチマと豆腐を味噌で煮込んだ料理

左:那覇の国際通りにも近い人気店
右:活気ある厨房

家庭の味が楽しめる
ゆうなんぎぃ

1970年創業の老舗沖縄料理店。女性だけで切り盛りし、オリジナルの"おふくろの味"が評判。約50種もある一品料理を酒の肴に泡盛を楽しもう。

🏠那覇市久茂地3-3-3　☎098-867-3765　🕐12:00～14:30、17:00～21:30　🈺日曜、祝日　🚉ゆいレール県庁前駅から徒歩約3分　�car Pなし

[那覇]　▶MAP 別P20 B-3

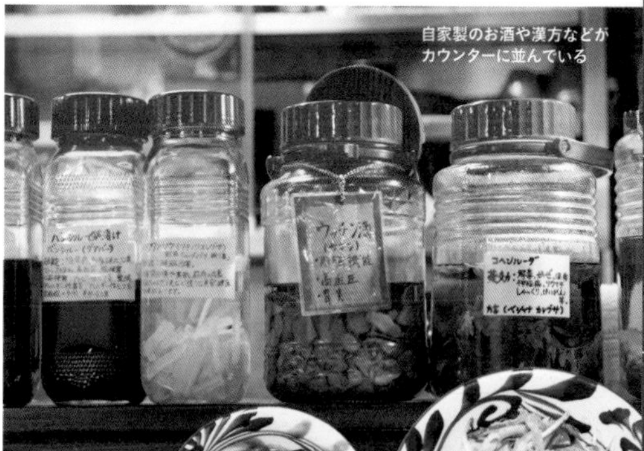

自家製のお酒や漢方などがカウンターに並んでいる

ほっとくつろげる
雰囲気も魅力！

必食メニューはコレ！

**イカスミジューシー
1360円**
沖縄でよく食べられるイカスミ汁を、ご飯に混ぜておじやに

ラフテー　890円
泡盛と水で5時間煮込んだラフテーを、みそだれに絡めて提供

フーチャンプルー　780円
水で戻した麩とコンビーフ、野菜の炒め物

魚はその日仕入れた新鮮なものが用意されている。日替わりのおすすめメニューもチェックしよう！

EAT

カフェ＆ベーカリー

沖縄そば

ごはん

スイーツ

ソウルフード

島食材

肉

ナイト

DAY 18

ノスタルジックな雰囲気も味わう

夜は栄町市場でディープに

那覇市の安里駅近くにある栄町市場は、昔ながらの店が集まる商店街。
雰囲気も楽しいローカルな居酒屋で、はしご酒に挑戦してみては？

戦後の面影を色濃く残す昭和レトロな街並みがレア！

お惣菜もあるよー

ソラ カフェ
いらっしゃいませー
GUINNESS
OPEN 4:00〜

おすすめのお店はココ

栄町市場

自慢の餃子は一つ一つ手作りだからおいしい

手作りの絶品餃子

A べんり屋 玉玲瓏
べんりや いうりんろん

中国出身の奥さんが作る、手作り餃子や小籠包が人気。台湾屋台風の店先に、テーブルや椅子が所狭しと並ぶ。

🏠 那覇市安里388（栄町市場内）
☎ 098-887-7754　🕐 17:00〜22:30　休日曜
🚃 ゆいレール安里駅から徒歩約5分　🅿 Pなし

那覇　▶ MAP 別P19 D-2

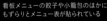

看板メニューの餃子や小籠包のほかにもずらりとメニュー表が貼られている

できたてはおいしいよ〜

お店のオススメ

焼き餃子　770円

表面はカリッと、中には肉汁がたっぷり。ニンニクの風味が絶妙なアクセント

70

WHAT IS

栄町市場
さかえまちいちば

戦後の復興時に誕生し、今もなお当時の面影が残る。那覇の中心街として栄えたあと、一時期は寂れてしまったが、近年ユニークな店なども増え、地元の若者や旅行者が集うなど、活気がよみがえってきている。

栄町市場MAP

泡盛と琉球料理
うりずん→P.69

↓安里駅

①昔懐かしいジュースのビンが並ぶ店など、戦後の昭和の香りが漂う街の風景。②商店の店先で、黒糖を使った素朴な伝統菓子、タンナファクルーが売られていた。③屋根付きのアーケードになった通りに屋台風の居酒屋が軒を連ね、夜遅くまでにぎわう。④ゴーヤーなど、沖縄ならではの島野菜が並ぶ八百屋。⑤昔ながらの肉屋など、商店街のお店が続く通りはブラブラと歩くだけでも楽しい。⑥店の外にも席が並ぶ居酒屋。ビールのケースをテーブルや椅子に使っている

活気のある商店街で
地元の人との交流も楽しい！

焼きてびちがおすすめだよ！

お店のオススメ

山羊の刺身　1700円

沖縄ではお祝いの際に食べるという山羊の肉。刺身はお湯のつまみに

一品料理も豊富なレトロ酒場
B 山羊料理 美咲
やぎりょうり みさき

疲労回復にも効果テキメンな伝統料理、山羊（やぎ）料理を味わえる店。名物の山羊汁はヨモギやショウガが入り食べやすい。

上：栄町市場商店街にある　下：地元の常連客も集まるカウンター席

🏠那覇市安里388-6　☎098-884-6266　🕐18:00〜翌0:00　📅日曜　🚃ゆいレール安里駅から徒歩約1分　🅿Pなし

那覇　▶MAP 別P21 F-2

お店のオススメ

刺身盛合せ（2人前）　2200円〜

旬の魚をそろえた刺身の盛り合わせ。内容は日によって異なる

魚好きが集う沖縄居酒屋
C 泡盛と海産物の店 ぱやお
あわもりとかいさんぶつのみせ ぱやお

近海魚の新鮮な刺身が自慢の店。泡盛の品ぞろえも豊富。女性には泡盛を使ったカクテルなどがおすすめ。

上：カウンター席のほかに小上がり席も　下：沖縄らしい外観

🏠那覇市安里379-11（栄町市場内）　☎098-885-6446　🕐17:00〜23:00　📅無休　🚃ゆいレール安里駅から徒歩約5分　🅿Pなし

那覇　▶MAP 別P19 D-2

EAT

カフェ＆ベーカリー

沖縄そば

ごはん

スイーツ

ソウルフード

島食材

肉

ナイト

細い路地にも小さなお店がいっぱい。沖縄ならではの惣菜の店もあり、テイクアウトして食べ歩きができる

お気に入りを探そう！
やちむんにひとめぼれ

TRADITIONAL

伝統

素朴な色合いとどっしりとしたフォルムが、伝統のやちむんの特徴。

洗練されたフォルムに釉薬の色使い…まさに職人技

日常生活に溶け込む素朴な器たち

1. 宮城正享氏作の七寸皿3960円 **2.** 共司工房の茶碗 4寸マカイ1716円 **3.** 與那原正守工房の四寸三角鉢ベルシャンブルー2750円 **4.** 松田米司氏作の湯のみ1188円

MOTIF

モチーフ

かわいい小鳥やシンプルな模様が食卓をほっこりとさせてくれる。

コレクションしたくなるね！

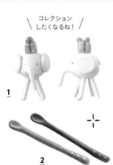

個性あふれる作品はまるで物語のような世界観

大空を飛ぶような小鳥のシルエット

1. かわいい象の置物各1200円 **2.** マドラー各600円 **3.** 三日月や星空が描かれたマグカップ各3200円 **4.** 直径約15cmの大空を羽ばたくことりのプレート2200円

MODERN

モダン

若手作家による現代的なデザインがやちむんの新たな魅力を伝える。

個性的な食器が見つかる

和食にも洋食にも合うモダン柄食器

作家の独創性が生み出す新しいやちむんの魅力

1. 13×13cmの正方形の角皿1420円〜 **2.** 細長いタイプの角皿3630円〜 **3.4.** 柄のバリエーション豊富な角皿（小）各2420円〜

手に取れば、しっくりと手になじむ沖縄のやちむん（焼き物）。
琉球王国時代から受け継がれる伝統的なものから、
現代風にアレンジされたモダンなデザインまでさまざま。
お気に入りの一つを探してみよう。

🛒 SHOPPING

伝統工芸

セレクトショップ

布雑貨

ショッピングセンター

食みやげ

古典模様の伝統的な作品が中心にそろう

県下最大規模の登り窯に併設

読谷山焼 北窯売店
よみたんざんやき きたがまばいてん

與那原正守氏、宮城正享氏、松田米司氏、松田共司氏の4人の共同窯から窯出しされた陶器を扱う直売所。>>>P.138

🏠 読谷村座喜味 2653-1　☎ 098-958-6488　⏰ 9:30 〜 13:00、14:00 〜 17:30　🈳 不定休　🚗 石川ICから約10km
🅿 あり　西海岸リゾート　▶ MAP 別P9 E-1

店内窓辺に飾られた器はインテリアにも最適

小鳥モチーフがかわいい

工房ことりの
こうぼうことりの

作家・森永たつやさんにより明るい工房で丁寧に生み出される作品は、物語を彷彿とさせる愛らしいデザインが特徴。

🏠 本部町山川1　☎ 0980-43-9070
⏰ 10:00 〜 17:00　🈳 火曜　🚗 許田ICから約27km　🅿 なし
美ら海水族館周辺　▶ MAP 別P12 C-2

コンテナを利用したディスプレーもおしゃれ

独特の色・柄使いで人気

一翠窯
いっすいがま

工房兼ギャラリー。特徴的な四角皿にカラフルなドットやラインを描くポップな作品は、見ているだけで楽しい。

🏠 読谷村長浜18　☎ 098-958-0739
⏰ 9:00 〜 17:00　🈳 無休　🚗 石川ICから約10km　🅿 あり
西海岸リゾート　▶ MAP 別P8 A-1

やちむん

沖縄独特の伝統的な陶器全般を「やちむん」と呼ぶ。「やちむん」は沖縄の方言で焼き物を表している。

いくらで買える？
陶芸作家の作品は値が張る。七寸皿や大皿は数千円から数万円のものまである。湯のみや茶碗など小物は2000〜3000円程度で買えるものも。

何に使う？
素朴なデザインや丈夫さから、日常的な食器として使うのがおすすめ。一輪挿しなどの花瓶や置物として使ってもおしゃれ。

どこで買う？
読谷村には工房が集まるやちむんの里（>>>P.138）がある。那覇市内なら、ショップが集まる壺屋やちむん通り（>>>P.124）がおすすめ。

陶器市がお買い得！
やちむんの里など、沖縄県内の各所で年に数回、陶器市が開催される。通常価格の2〜3割引で買えることが多いので、お得。

12月に行われるやちむんの里の陶器市

やちむんの技法

多彩な技術を組み合わせて作られるため、個性豊かな作品に仕上がる。

線彫り
鉄筆を使って陶器を彫り、魚や唐草などの模様を描く

点打ち
緑釉や飴釉で表面に水玉のような模様を作る定番柄

イッチン
スポイトでやわらかい土を絞り出し立体的な模様を作る

日常を彩るハイセンスな雑貨を求めて

セレクトショップをめぐる

多ジャンルの作家ものを扱う

ファッションアイテムも豊富な店内

琉球モダンな作品をセレクト

ディスプレーもステキ!

沖縄に縁のある作家を中心に集めた店内

端材で作られている五え松工房のスプーン

¥1620〜

¥6480

増田良平さんの絵皿

1.絵付け皿(佐藤尚理)9350円〜　2.スクラッチマグ(佐藤尚理)5500円　3.夜明けマグ(中村かおり)3520円

1.

2.

3.

心が弾むセレクトショップ

ten
テン

店主が選んだシンプルで質のいい商品を月替わりに展示。洋服や器、オブジェなどさまざまなジャンルがそろう。

🏠北中城村島袋1497　☎098-960-6832
🕙ホームページ、インスタグラムを要確認
㊡ホームページ、インスタグラムを要確認
🚗沖縄南ICから約5km　🅿️あり

中部　▶MAP 別P8 C-3

手に取って見てね

陶器や漆器などがそろう

GARB DOMINGO
ガーブドミンゴ

浮島通りにあるショップ。「沖縄の今」をコンセプトに、沖縄に関連のある作家によるテーブルウェアを販売。

🏠那覇市壺屋1-6-3　☎098-988-0244
🕙9:30〜13:00、14:30〜17:00　㊡水・木曜
🚃ゆいレール牧志駅から徒歩約12分　🚗Pなし

那覇　▶MAP 別P21 D-3

SHOPPING

伝統工芸

セレクトショップ

布雑貨

ショッピングセンター

食みやげ

作家たちが生み出す個性的な品々の魅力を、独自のセンスで発信する
セレクトショップ。器やインテリア、洋服、アクセサリーなど、各店
こだわりのアイテムが集結。おしゃれな雑貨を手に入れよう。

地元作家の
クラフトが
いっぱい！

陶器やガラスの食器の
ほか民芸品もそろう

作家ものの
器がずらりと並ぶ

工房ごとに作品がディ
スプレーされた店内

各 ¥440

chicclue.のライティン
グペーパー

独特の柄が印象的な志
陶房のプレート

¥2310

¥7480

虫の音の大皿

工房コキュの8.5寸皿

¥16500

沖縄中のクラフトが集まる
りゅう

"沖縄の手仕事"がテーマのセレクトショップ。やちむん
や琉球ガラスなどの伝統的食器のほか、おばあが手作り
した民具なども扱っている。

🏠読谷村古堅191　☎098-989-4643
🕐9:00〜18:00　㊡月・火・水曜　🚗沖縄北ICから約9km
🅿あり

西海岸リゾート　▶MAP 別P8 B-2

壁やロフトにも作品がいっぱい！
mofgmona no zakka
モフモナ ノ ザッカ

県内の工房で作られた焼き物やガラスなどの食器を集め
た店。着心地のよい洋服なども扱っている。

🏠宜野湾市宜野湾2-1-29 301号室　☎098-893-5757
🕐11:00〜18:00　㊡不定休
🚗西原ICから約3km　🅿あり

中部　▶MAP 別P7 D-1

伝統 VS モダン

かわいい**布雑貨**をゲット

\ こうやって作られている！ /

TRADITIONAL

バリエーション豊かなアイテムたち

デザインを考え、機織り機に経糸をかけ、投げ杼で緯糸を通す気の遠くなるような作業

各 ¥1375

コンパクトなペンケース

マース袋

¥3300

琉球織物
琉球時代にアジア諸国から伝わり、独特の技法・模様に。ロートン織や花織などがある

赤瓦の古民家を利用したショップ。店は国道331号から道を1本入ったところにある

日常で使える琉球織物
機織工房しよん
はたおりこうぼうしよん

日常で使える琉球織物をテーマに女性作家4人が作品を生み出す。ショップの奥には工房があり、見学も可能。

🏠八重瀬町仲座72 ☎098-996-1770
🕐9:00〜16:00 🈳火〜木曜 🚗南風原南ICから約9km 🅿Pあり
南部 ▶MAP 別P4 C-2

¥8536

紅型らしい古典柄の名刺入れ（作：染さくはら）

紅型・首里織の拠点施設
首里染織館suikara
しゅりそめおりかんスイカラ

紅型や首里織を次世代につなぐ場としてつくられた交流拠点。オリジナルグッズの販売のほかギャラリーや体験プログラムも。

🏠那覇市首里当蔵町2-16 ☎098-917-6030 🕐10:30〜18:00 🈳火曜
🚃ゆいレール首里駅から徒歩約7分
🅿Pあり
首里 ▶MAP 別P23 F-1

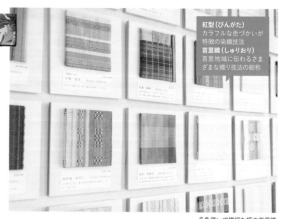

紅型（びんがた）
カラフルな色づかいが特徴の染織技法
首里織（しゅりおり）
首里地域に伝わるさまざまな織り技法の総称

多色使いで繊細な柄の首里織

沖縄に古くから伝わる織り・染めの技法を生かした布小物は
独特の風合いが魅力。昔ながらの製法を守る工房の上質な作品や、
デザイナーのセンスが光るモダンなものなどさまざま。
お気に入りのお店を見つけよう。

MODERN

熱帯魚やトロピカル
な植物がキュート

作家ものテキスタイル
熱帯魚や南国チックな
草花など、カラフルな
モチーフはMIMURIさ
んならでは

ビビッドカラーが特徴の布雑貨が並ぶ店内

SHOPPING

伝統工芸

セレクトショップ

布雑貨

ショッピングセンター

食みやげ

私が作りました！

石垣島出身の女性
テキスタイルデザイ
ナー・MIMURIさん

ちょっとしたお出かけにもぴったりのミニバッグ
は5300円〜

¥2020

鮮やかなフルーツ
柄のペンケース

海の生き物がテー
マのガマロ（大）

¥3520

自然モチーフの日常雑貨
MIMURI
ミムリ

MIMURIさんのアトリエ兼ショップ。
沖縄の自然をポップに描いたバッグ
やポーチなどの小物がそろう。

🏠那覇市松尾2-7-8 ☎050-1122-4516
🕙10:00〜18:00（金・土曜は〜19:00）
㊡不定休 🚃ゆいレール牧志駅から
徒歩約11分 🅿Pなし
那覇 ▶MAP 別P20 C-3

ビタミンカラーの布アイテム
Doucatty
ドゥカティ

田原夫妻が営む広い工房に隣接するショッ
プには、手ぬぐいやバッグ、Tシャツなどカ
ラフルな手染めアイテムが並ぶ。

🏠南城市佐敷新里740-1 ☎098-988-0669
🕙9:00〜16:30 ㊡日・月曜 🚗南風原北
ICから約6km 🅿Pあり
南部 ▶MAP 別P5 E-1

各¥1760〜

バリエーション
豊富なカラフル
染めの手ぬぐい

手捺染（てなっせん）
一色ずつ手作業で色
を重ねていく技法。紅
型などが起源とされ
ている

カラフルなデザインが目を引く布アイテム

沖縄の自然の色を映した

琉球ガラスを手に入れる

南国の自然の色をそのまま投影したような、色鮮やかな琉球ガラスをゲットしたい。
伝統的な作家ものから、個性あふれるモダンなものまで多彩。納得の逸品を探してみよう。

手作りガラス
がずらり♫

温かみのある再生ガラスを
日常に溶け込むシンプルなデザインで

廃瓶を原料とする昔ながらの琉球ガラス

 WHAT IS

琉球ガラス

戦後、米軍が使っていたコーラなど
の色付きのガラス瓶を再利用して作
られたのがはじまり。カラフルなグ
ラデーションや気泡などが特徴。

いくらで買える？
店によって異なるが、一つ一つ手作
りなので、値段は少し高め。グラス
は1000〜3000円程度。

何に使う？
コップやデザートカップなどの食器
のほか、花瓶やキャンドルライトな
ど涼しげな見た目を生かすのがよい。

どこで買う？
街のみやげ物店で扱われているな
ど、比較的手軽に手に入る。ガラス
工房で直接購入できるところもある。

お気に入りをハッケン

¥1650
工房オリジナルの
しろ泡グラス

¥3080
名護の工房glass
32の底角酒器

¥2530
カラフルなつぶコ
ップmix（大）

昔ながらの製法にこだわる

琉球ガラス工房 glacitta'

りゅうきゅうガラスこうぼう グラチッタ

廃瓶を使った手作りガラスの工房＆
ショップ。オリジナル作品のほか、県
内のガラス工房の作品も扱っている。

🏠恩納村恩納6347　☎098-966-8240
🕐11:00〜17:30頃（日によって変動
あり）　休不定休　🚗屋嘉ICから約4.5
km　🅿Pあり

西海岸リゾート　▶MAP 別P10 C-2

ディスプレイもおしゃれ

作品については店員
さんに聞こう

模様が美しい泡波
巻宙吹グラス

¥3300

沖縄の海を表現したガラス
宙吹ガラス工房 虹
ちゅうぶきガラスこうぼう にじ

ガラス作家・稲嶺盛一郎氏の工房兼ギャラリー。廃瓶を原料に独特の技法で作り出す。オリジナルの「泡ガラス」なども充実。

🏠読谷村座喜味2748 　☎098-958-6448
🕐9:00〜17:30 　㊡不定休（工房は木・日曜）
🚗石川ICから約10km 　🚗Pあり
西海岸リゾート ▶MAP 別P9 E-1

岩礁（リーフ）のようなグラデーション

県内最大の手作りガラス工房に直営店が併設。2000種類以上のガラス製品を販売

体験もできる沖縄最大のガラス工房
琉球ガラス村
りゅうきゅうガラスむら

琉球ガラスの製作工程を見学できる工房。直営ショップのほか、室内体験のワークショップやギャラリー、カフェ、フォトスポットも充実。

🏠糸満市福地169 　☎098-997-4784
🕐9:30〜17:30（最新情報はHP参照） 　㊡無休
🚗豊見城・名嘉地ICから約12km 　🚗Pあり
南部 ▶MAP 別P4 B-3

 琉球ガラス作りにチャレンジ！

宙吹き法を使った吹きガラス体験に挑戦。工房の職人さんが丁寧に教えてくれる。

ココで体験しました！
松田英吉氏の工房兼ショップ
琉球ガラス匠工房 石川店
りゅうきゅうガラスたくみこうぼう
いしかわてん

ガラス職人のオリジナルの琉球ガラスが買えるほか、吹きガラス体験が人気。

🏠うるま市石川伊波1553-279
☎098-965-7550
🕐9:00〜18:00 　㊡水曜
🚗石川ICから約2.5km
🚗Pあり
西海岸リゾート ▶MAP 別P10 B-2

❶
作るグラスを決める
色や形もさまざまな見本の中から、作りたいグラスをセレクト

❷
吹いて膨らます
吹き竿の先に溶けたガラスを巻き付け、空気を送り込んで成形

❸
吹き竿を抜く
口となる部分を軽く叩き、吹き竿をガラスから静かに引き抜く

❹
口を広げる
飲み口を広げたら体験は終了。低熱窯でじっくりと冷やされる

完成！
でき上がった作品は後日受け取るか、郵送で届けてもらえる

🚩体験DATA
吹きガラス体験
🕐 所要：約15分
💴 3500円〜（送料別途）
要予約（TELまたはHPから）

🛒 SHOPPING

伝統工芸

セレクトショップ

布雑貨

ショッピングセンター

食みやげ

迷ったらとりあえずココ！
ショッピングセンターへGO！

沖縄県最大級の
大型リゾートモール

開放的な吹き抜けの館内には、県内外のブランドの店が集まっている

観光コンシェルジュも常駐
イオンモール沖縄ライカム
イオンモールおきなわライカム

約220店舗が集まる、県内最大級のショッピングモール。2フロアにわたるフードコートでは、地元沖縄から世界のグルメまでゆったり楽しめる。

🏠北中城村字ライカム1
☎098-930-0425（代）🕙10:00～22:00※詳細は公式ホームページを確認（https://okinawarycom-aeonmall.com/）🈚無休 🚗北中城ICから約4km 🚗Pあり
中部 ▶MAP 別P8 B-3

┌─ SHOP GUIDE ─┐

敷地面積…約17万5000㎡
飲食店…約70軒
ショップ…約140軒
ビューティ…約10軒
【そのほか施設】
フードコート、映画館、アミューズメントパーク など

🏠 CLOSE UP!

泡盛マイスターがいる
イオンリカー

県内44酒造所の泡盛が豊富にそろう店。お気に入りの一本を見つけよう。

🏠イオンスタイル ライカム店 2F
☎ 098-983-8888 🕗 8:00～23:00 🈚無休

職人が作る極上ジェラート
やんばるジェラート

マエストロ世界大会準グランプリに輝いたジェラート職人が作る濃厚な味わいのジェラートを提供。フルーティーな味を楽しもう。

🏠2F256 ☎080-7033-6308 🕙10:00～22:00 🈚無休

自由度高し♪
ショッピングもレジャーも楽しめる！

水族館も併設！
イーアス沖縄豊崎
イーアスおきなわとよさき

豊崎にあるビーチ目の前の大型複合商業施設。ショッピングモールはもちろん、最新映像表現や音響を駆使したDMMかりゆし水族館などレジャー施設も充実！

🏠 豊見城市豊崎3-35 ☎098-840-6900 🕙10:00～21:00（店舗により異なる）🈚不定休 🚗豊見城ICから約9km 🚗Pあり
南部 ▶MAP 別P4 A-1

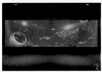

①グルメやショッピング、最新のテーマパークなど1日中楽しめる ②映像や音、空間演出が新しいDMMかりゆし水族館には迫力満点の大水槽も ③テラスエリアからは豊崎美らSUNビーチを望む

┌─ SHOP GUIDE ─┐

敷地面積…約7万1499㎡
【そのほか施設】
水族館、ショッピングモールなど

買い物はもちろん、グルメやエンタメなど多彩な楽しみにあふれる
ショッピングセンター。施設充実＆沖縄らしさを満喫できるスポットで、
一日中思いっきり楽しもう。

おしゃれな沖縄っこ御用達！
海を望む絶景ロケーション

西海岸の美しい海に面している

CLOSE UP!

お買い物の間にひと息
OKINAWA CERRADO COFFEE BeansStore
オキナワ セラード コーヒー
ビーンズストア

1988年浦添市に創設された老舗コーヒー焙煎社による、スペシャリティコーヒー専門店。

🏠1F オレンジゾーン ☎098-975-7690 🕙10:00～22:00 ㊡無休

`600円`

果実味あるさわやかな味わいの「バルコシティスペシャルブレンド」

ここでしか買えない
シーサーのおみやげやさん
ここでしか手に入らない「ちいかわ」の沖縄限定商品を多数展開。

🏠3F グリーンゾーン ☎080-3716-0434 🕙10:00～22:00 ㊡無休

`各528円`

ちいかわ あうんシーサー ソフビ
なおきもの（2個セット）

沖縄最大級のショッピング施設
サンエー浦添西海岸 PARCO CITY
サンエーうらそえにしかいがん パルコ シティ

県内最大級を誇る商業施設。沖縄地元名店が集まるフードホールやおみやげを取りそろえた地元スーパーのほか、目の前の海を楽しめる場所が館内各所にあり、思い出に残る時間を提供している。

🏠浦添市西洲3-1-1 ☎098-871-1120
🕙10:00～22:00（店舗により異なる） ㊡無休
⊗西原ICから約8km 🚗Pあり
中部 ▶MAP 別P6 C-1

SHOP GUIDE
敷地面積…約8万5484㎡
飲食店…約40軒
ショップ…約190軒
ビューティ…約20軒
【そのほか施設】
映画館、ブライダルカウンター、アミューズメントパーク など

🛍️ ブランド品は免税店へ！

日本で唯一！ 国内旅行で免税ショッピング
Tギャラリア 沖縄 by DFS
ティーギャラリア おきなわ バイ ディーエフエス

約150ブランドが集まり那覇空港から県外へ発つ人が利用できる。商品の受け取りは空港で。

🏠那覇市おもろまち4-1 ☎0120-782-460
🕙10:00～20:00（季節、店舗により異なる） ㊡無休 ⊗ゆいレールおもろまち駅から徒歩約1分
🚗Pあり
那覇 ▶MAP 別P21 F-1

SHOP GUIDE
売場面積…約1万㎡
飲食店…1軒
ブランド数…約150

【主なブランド】
ティファニー、ブルガリ、セリーヌ、トリー・バーチ、ランコム、ディオール、シュウ・ウエムラ

ショッピングの
合間にカフェ
でひとやすみ

🌿「イーアス沖縄豊崎」サッポロスーヴェニールショップ内には、カルビープラス（>>>P.92）の2号店も！

定番モノからユニーク系まで！
ちんすこうをプロファイル

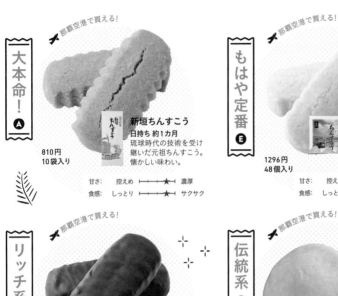

大本命！ Ⓐ

✈ 那覇空港で買える！

新垣ちんすこう
810円
10袋入り
日持ち 約1カ月
琉球時代の技術を受け継いだ元祖ちんすこう。懐かしい味わい。

| 甘さ | 控えめ ┣━━★━┫ 濃厚 |
| 食感 | しっとり ┣━━★━┫ サクサク |

もはや定番 Ⓔ

✈ 那覇空港で買える！

雪塩ちんすこう
1296円
48個入り
日持ち 約2カ月
宮古島の地下海水で作る雪塩を使用。甘さと塩気が絶妙にマッチ！

| 甘さ | 控えめ ┣★━━━┫ 濃厚 |
| 食感 | しっとり ┣━━★━┫ サクサク |

リッチ系 Ⓓ

✈ 那覇空港で買える！

ちんすこうショコラ プレミアム
1404円
18個入り
日持ち 約4カ月
エクアドル産シングルビーンのダークチョコとココアちんすこうのコラボ。

| 甘さ | 控えめ ┣━━★━┫ 濃厚 |
| 食感 | しっとり ┣━━★━┫ サクサク |

伝統系 Ⓑ

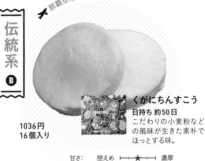

くがにちんすこう
1036円
16個入り
日持ち 約50日
こだわりの小麦粉などの風味が生きた素朴でほっとする味。

| 甘さ | 控えめ ┣━━★━┫ 濃厚 |
| 食感 | しっとり ┣━━★━┫ サクサク |

Ⓐ

定番お菓子がそろう
おきなわ屋本店
おきなわやほんてん

ちんすこうをはじめ泡盛など、定番みやげを種類豊富に取りそろえる。オリジナル土産も人気。

🏠 那覇市牧志1-2-31 ☎098-860-7848 🕘9:30～22:00 ㊡無休 🚉ゆいレール県庁駅から徒歩約8分 🚗Pあり

那覇 ▶MAP 別P20 C-3

Ⓑ

パッケージも◎な沖縄菓子
琉球銘菓くがにやあ
りゅうきゅうめいかくがにやあ

熟練された職人の手で丁寧に作られた、丸型のちんすこうを販売する。

🏠 那覇市壺屋1-18-1 ☎098-868-0234 🕘11:00～16:00 ㊡木曜、旧盆 🚉ゆいレール牧志駅から徒歩約13分 🚗Pあり

那覇 ▶MAP 別P21 E-3

Ⓒ

県内に10店舗ある有名店
御菓子御殿 恩納店
おかしごてん おんなてん

元祖紅いもタルトで知られる沖縄銘菓の店。ちんすこうなどの伝統菓子も。

🏠 恩納村瀬良垣100 ☎098-982-3388 🕘9:00～18:00 ㊡無休 🚉屋嘉ICから約9km 🚗Pあり

西海岸リゾート ▶MAP 別P10 C-2

🏠そのほか取扱店
・サンエー 那覇メインプレイス>>>P.86
・イオンモール沖縄ライカム>>>P.80

🏠そのほか取扱店
・国際通り松尾店>>>P.90
・読谷本店 MAP 別P8 A-1

SHOPPING

伝統工芸

セレクトショップ

布雑貨

ショッピングセンター

食みやげ

沖縄みやげの代表といえばちんすこう！
さまざまなメーカーから販売されているちん
すこうを、定番からユニーク系まで徹底比較。
自分の求める味をおみやげにしよう。

🌺 WHAT IS

ちんすこう

ちんすこうは小麦粉・砂糖・ラードをこね合わせ
て焼き上げた香ばしいお菓子。琉球時代の蒸し
菓子「きんそこう」が原型だという。

進化系 Ⓐ

✈ 那覇空港で買える！

35CHINSUKO

日持ち 約2カ月
サンゴを使って焙煎し
たコーヒー入りの、ほろ
苦いちんすこう。

864円
30個入り

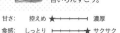

甘さ：　控えめ ★━━━━ 濃厚
食感：　しっとり ├──────★ サクサク

上品系 Ⓒ

✈ 那覇空港で買える！

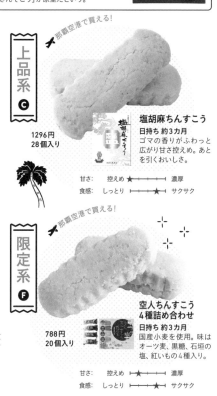

塩胡麻ちんすこう

日持ち 約3カ月
ゴマの香りがふわっと
広がり甘さ控えめ。あと
を引くおいしさ。

1296円
28個入り

甘さ：　控えめ ★━━━━ 濃厚
食感：　しっとり ├─────★─┤ サクサク

ほっこり系 Ⓒ

✈ 那覇空港で買える！

紅いもちんすこう

日持ち 約3カ月
懐かしい紅イモの風味が広
がる。クッキーのようなサ
クサク食感。

734円
14個入り

甘さ：　控えめ ├──★── 濃厚
食感：　しっとり ├────★─┤ サクサク

限定系 Ⓕ

✈ 那覇空港で買える！

**空人ちんすこう
4種詰め合わせ**

日持ち 約3カ月
国産小麦を使用。味は
オーツ麦、黒糖、石垣の
塩、紅いもの4種入り。

788円
20個入り

甘さ：　控えめ ├─★── 濃厚
食感：　しっとり ├────★─┤ サクサク

とろ〜リチョコがけちんすこう

ファッションキャンディ
宜野湾本社
ファッションキャンディぎのわんほんしゃ

洋菓子風にアレンジされたちんすこ
うショコラが大ヒット商品。本社2階
事務所にて一部商品を販売。

🏠宜野湾市大山2-21-22　☎098-897-
5194　🕙9:00〜17:00　㊡土・日曜、
祝日　🚗西原ICから約6km　🚙Pあり
中部 ▶MAP 別P7 D-1

🏠そのほか取扱店
・那覇空港 デパートリウボウ
・那覇空港 BLUE SKY　ほか

お買い物の間にひと息

ANA FESTA
那覇ロビー2号店
エイエヌエーフェスタ なはロビー2ごうてん

雪塩ちんすこうをはじめ、多数のおみ
やげ品を取りそろえる。HPにあるお
届けサービス利用で、全国どこから
でも沖縄みやげを購入できる。

🏠那覇市鏡水150 那覇空港内2F　☎
098-859-5432　🕙7:00〜20:30　㊡
無休　🚙Pあり
那覇 ▶MAP 別P18 A-2

那覇空港のみやげ処

グルクン売店
グルクンばいてん

那覇空港限定のオリジナル商品「空
人（そらんちゅ）」シリーズのちんすこ
う。味は塩、紅いも、黒糖、オーツ麦
の4種類。

🏠那覇市鏡水150（那覇空港内）
☎098-840-1473（エアポートトレー
ディング株式会社）　🕙7:00〜20:30
㊡無休　🚙Pあり
那覇 ▶MAP 別P18 A-2

🏠那覇空港内そのほか取扱店
・さくら売店、ハイビ売店、南ウイング売店、
北ウイング売店、空人売店

沖縄みやげの宝庫、わしたショップで

ばらまきみやげを爆買い

何を買うか迷ったときや時間がないときは、一気にまとめ買いできる店が大活躍。
「わしたショップ」ならお菓子からレトルト食品、泡盛まで、沖縄みやげが勢ぞろい。
友達や会社の同僚などへ、喜ばれるおみやげをゲットしよう。

❶泡盛は有名メーカーの代表銘柄から、おみやげにちょうどよい飲み比べセットまである。沖縄名産のハブ酒も。❷店内には所狭しと商品が並ぶ。お菓子など食べ物系のほか、雑貨もある ❸乾きものも沖縄らしいものばかり

食品から工芸品まで

わしたショップ
国際通り店
わしたショップ こくさいどおりてん

国際通りにある沖縄みやげの大型店。広い店内にはお菓子や調味料、海産物まで、沖縄中の品々が一堂に集まっている。まとめ買いにぴったり。

🏠那覇市久茂地3-2-22
☎098-864-0555
🕘9:00～22:00 ㊡無休 Ⓨゆいレール県庁前駅から徒歩約4分 Ⓟあり（契約駐車場）

🔲那覇 ▶MAP 別P20 A-3

「わした」のお買い物のPOINT!

品数豊富で便利なわしたショップを
さらに便利に活用するポイントがこちら！

🚗 パーキングは
県民地下駐車場がお得！
国際通り入り口の県民地下駐車場は60分300円と安価。わしたショップで2000円以上買い物すると、1時間無料の駐車場割引優待券がもらえ更にお得。

 たくさん買ったら
店から発送しよう
国際通り店では、買ったものはお店から宅配便で発送も可能。泡盛や調味料など重い瓶系のおみやげも安心して買える（一部発送できない商品もあります）。

空港にある支店も使おう！
国際通り店のほか、支店は那覇空港のターミナルビル2階にある。沖縄旅行の最後に思い残すことなく、沖縄みやげをゲットしよう。

- -

🏠 支店情報
那覇空港わしたショップ
なはくうこうわしたショップ

☎098-840-1197
🕘7:00～20:30 ㊡無休

わしたの

人気みやげランキング BEST10

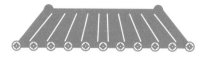

おみやげの殿堂、わしたショップの数ある中でも、
人気上位に名を連ねるのがこちらの10品。1〜10位を人気順にご紹介。

SHOPPING

伝統工芸

セレクトショップ

布雑貨

ショッピングセンター

食みやげ

No.1
黒糖チョコレート
（ロイズ石垣島）

¥810

チョコレートで有名なお菓子メーカー、ロイズの商品。県産の黒糖をブレンドしたなめらかなチョコレート

No.2
元祖紅いもタルト6個入
（御菓子御殿）

¥972

沖縄みやげの定番。100％沖縄県産の紅イモをタルト生地に流し込み、しっとりと焼き上げたタルト

No.3
オリオン
ザ・ドラフト

¥229

50年以上の歴史を持つ、言わずと知れた沖縄の地ビール。南国ビールらしい、すっきりとした味わい

No.4
ごまふくろう
黒ゴマ＆マカダミアナッツ

¥950

黒ゴマ入りの香り豊かな生地に、自家焙煎したマカダミアナッツや黒糖、海塩がマッチ。さくさく食感もグッド！

No.5
雪塩ちんすこう
（南風堂）

¥183

ちんすこうの甘さの中に塩味がプラスされ、あとを引くおいしさ。個包装になっているのでばらまきみやげにも

No.6
35 COFFEE
アイランドスペシャル

¥108

サンゴの骨で焙煎し、まろやかな風味に仕上げた沖縄限定のコーヒー。便利なドリップバッグ式

No.7
ポテトチップ
チョコレート 石垣の塩
（ロイズ石垣島）

¥864

石垣島の海塩で作ったポテトチップを、口溶けのよいチョコレートでコーティング

No.8
アルフォート
久米島の紅いも

¥972

久米島の紅いも「ちゅら恋紅」パウダーを使用した沖縄限定アルフォート14枚入り

No.9
ちんすこうショコラ
3種アソート

¥486

ちんすこうをチョコでコーティング。ミルクとダークと90％ハイカカオの3種類

No.10
ちゅらシーサーマスク
（2枚入）

¥976

顔に貼るとシーサーになれる!? ユニークな顔用保湿マスク2枚組み

リアルな沖縄らしさが全開！
スーパーで調達！食材みやげ

地元の人も使うスーパーは、豊富な品ぞろえと値段の安さが最大の魅力。
沖縄ならではのグルメみやげを買い込んで、おウチで沖縄の味を再現しよう！

LOCAL FOOD
地元の人が通うスーパーの商品がおもしろい！

オススメ度 ★★★☆☆
沖縄そば
マルちゃんの沖縄そば。歯応えのある角麺を、カツオ風味とソーキ味のスープで

作り方
乾麺を鍋で煮て最後に粉末スープを入れるだけ

¥86

オススメ度 ★★★★☆
黒糖
鮮度の良いサトウキビで作られた素朴な味わいの黒糖

食べ方
料理の味付けや、珈琲のお供にもぴったり

¥594

HAPPY

オススメ度 ★★★★★
スパム
アメリカ生まれの沖縄名物。ランチョンミート（ソーセージの中身）の缶詰

食べ方
ゴーヤーチャンプルーに入れたり、おにぎりの具に

¥448

オススメ度 ★★★☆☆
A1ソース
酸味と甘みが絶妙にマッチした、イギリス生まれのステーキソース

食べ方
焼きたてステーキにじゅわっとかけるのが沖縄の定番

¥428

オススメ度 ★★★☆☆
ハバネロ風味タコライス
ピリ辛味がクセになるタコライスミート。トマトベースのホットソース付き

作り方
ご飯の上にタコライスミートとレタスやトマトを

¥450

オススメ度 ★★★☆☆
シークヮーサー
JAおきなわの果汁100％のシークヮーサージュース

食べ方
ストレートのほか、炭酸やお酒で割ってもおいしい

¥214

オススメ度 ★★★☆☆
塩せんべい
沖縄の定番おやつ、塩せんべい。昔ながらのパッケージもキュート。8枚入り

¥332

オススメ度 ★★★★☆
ルートビア
アメリカ生まれの炭酸飲料。さまざまな種類のハーブが入った不思議な味わい

飲み方
沖縄県民はハンバーガーと共に飲むのが定番！

¥128

オススメ度 ★★★★☆
オキコラーメン
昔懐かしいチキン味のインスタントラーメン。作り方はお湯を注ぐだけ。4袋入り

¥150

※表示価格や規格は変更になる場合あり

地元食材が豊富にそろう
サンエー 那覇メインプレイス
サンエー なはメインプレイス

おもろまち駅近くにある大型スーパー。お菓子や調味料、飲み物など、豊富な品ぞろえを誇る。惣菜も扱う。

🏠那覇市おもろまち4-4-9
☎098-951-3300
🕘9:00～22:00（食品館は～23:00）　🈺無休　🚃ゆいレールおもろまち駅から徒歩約6分
🅿Pあり

那覇　MAP 別P19 D-1

沖縄のスーパーの楽しみ方

本島では見かけないような、ローカルみやげをリーズナブルにゲットできるのがスーパーの魅力。地元の人が使う普通のスーパーでも、沖縄食材のみを集めたコーナーがあるので商品が探しやすい。

AMERICAN FOOD

アメリカ文化が根付く沖縄ならではの人気商品!

オススメ度★★★★★
スーパークッキーS（12枚入）
ナッツやレーズン、チョコチップが入ったしっとりした口当たりのリッチなクッキー

¥2000

オススメ度★★★★★
トロピカルクッキーS（2枚×20袋入）
10種類のオリジナルクッキーが入ったパック。あっさりした甘さがグッド

¥1400

オススメ度★★★★☆
アメリカンテイストクッキー（2枚×4種類7袋入）
ココナッツ、サンフラワー、セサミ、チョコチップの4種類のフレーバーのサクサククッキー

¥1850

オススメ度★★★☆☆
ガーリックチキン（真空）
にんにくをたっぷり使用し、香ばしく焼き上げたチキンはデリカメニュー人気No.1

※盛り付け例

¥1980

オススメ度★★★★☆
マフィンセット（8個入り）
プレーン、キャラメル、紅イモ、チョコチップ、バナナ、ココナッツ、抹茶あずきの8種類

¥2000

オススメ度★★★★☆
ジャーマンBOX
チョコレートを練り込んだ生地に、ココナッツフィリングをたっぷりかけたリッチなケーキ

¥1380

オススメ度★★★☆☆
ブランデークッキー
さわやかな甘みのオレンジと、ブランデー風味の2種類の味の詰め合わせ

¥1450

オススメ度★★★★★
アップルパイ
厳選された国産りんごをたっぷり使用したジミーの定番商品

¥1950

オススメ度★★★☆☆
ジミークーラーバッグ
タテ約34cm×ヨコ約32cm×幅約23cmの大きめサイズのクーラーバッグ

¥1500

ローカルスーパー
Jimmy's 大山店
ジミー おおやまてん

創業65年以上、アメリカンな雰囲気が漂う地元で人気のスーパー。色鮮やかなパッケージがずらりと並ぶ。

🏠宜野湾市大山2-22-5
☎098-897-3118
🕐9:00〜21:00　㊡無休
🚗西原ICから約6km
🅿Pあり
中部　▶MAP 別P7 D-1

🌿アメリカンな雰囲気の沖縄ならではのローカルスーパー、ジミー。オリジナルのクーラーバッグが隠れた人気

那覇でディープなお買い物と食べ歩き

アーケード街＆市場を探検！

那覇中心部を観光するならハズせないのが、アーケード街と牧志公設市場。
活気にあふれたローカル色の強いエリアは、
おみやげを買ったり食べ歩きしたりと楽しみ方はさまざま！

アーケード街で
そばを食す!!

那覇で本場・八重山そばを
あんつく

本場・石垣島の金城製麺所から取り寄せた
マルメンで作る八重山そば。つるっとした
麺とあっさりスープの相性が抜群。夜は日
替わりのおつまみも提供。

🏠那覇市牧志3-1-1
☎080-8354-8699　🕚11:00～24:00　🏠不
定休　🚉ゆいレール牧志駅から徒歩約8分
🚗Pあり
`那覇`　▶MAP 別P21 D-2

細い丸麺が特徴の
八重山そば600円

サーターアンダギーは
外せない♪

食べ歩きにぴったり
松原屋製菓
まつばらやせいか

揚げたてのサーターアンダギーが食べられ
る人気の老舗店。カボチャ味やマンゴー味な
ど、ユニークな味にも挑戦してみて！

🏠那覇市松尾2-9-9　☎098-863-2744
🕘9:00～18:30　🏠水曜　🚉ゆいレール牧志
駅から徒歩約9分　🚗Pなし
`那覇`　▶MAP 別P21 D-3

揚げたてを
どうぞ♪

サーターアンダギー
1個120円
種類豊富な揚げたて
サーターアンダギー

モーニングをフォト
ジェニックカフェで

かわいいをチャージ
C&C BREAKFAST OKINAWA
シーアンドシー ブレックファスト オキナワ

食材はフードコーディネーターのオーナー
がセレクト。目にも楽しい鮮やかな料理を
朝から味わえる。>>>P.52

🏠那覇市松尾2-9-6
☎098-927-9295　🕘9:00～14:00（土・日曜、
祝日は8:00～）　🏠火曜　🚉ゆいレール牧
志駅から徒歩約10分　🚗Pなし
`那覇`　▶MAP 別P21 D-3

スフレパンケーキ
スペシャル1760円。
旅先で食べる朝食
をコンセプトにし
たカフェ

ディープな
市場の楽しみ方

ただ買うだけじゃない！
沖縄上級者は、市場で新
鮮素材を食してみては？

"持ち上げ"に
チャレンジ！
市場で買ったものを
その場で食べられる
牧志公設市場独特の
「持ち上げ」を体験し
てみよう！

1階で買う
まずは、市場1階
の鮮魚店で鮮魚
を購入。店員と相
談しながら選ぼ
う。お刺身の場合
は、その店でさば
いてくれる。

2階で食べる
魚を2階に持ち上
げ、いざ調理。唐
揚げやあんかけ
など調理法はさま
ざま。調理代は全
店共通、1人550
円（3品まで）。

2023年リニューアル！
第一牧志公設市場
だいいちまきしこうせついちば

戦後の闇市から始まった庶民の台所。肉や魚、野
菜、加工品などの店が集まり、活気あふれる。
2023年3月より新市場で営業開始。

⌂ 那覇市松尾2-10-1　☎098-867-6560
🕐8:00〜22:00(店舗により異なる)、食堂は〜20:
00　🈺第4日曜　🚉ゆいレール牧志駅から徒歩約
9分　🅿Pなし
那覇 ▶MAP 別P21 D-3

A
自家製の漬物や
珍味が並ぶ！
オススメは
島らっきょう！

B
鮮度バツグンの
南国の魚が豊富！
この魚を持ち
上げします！

C
選んだ魚は
持ち上げしていただく♪

D
沖縄料理を味わえる
満席必至の食堂
てびちが
ぷるぷる！

E
カラフルアイス
をGET！

F
毎日作りたて！

郷土料理の
味わい

沖縄食材の惣菜が並ぶ
A 平田漬物店
ひらたつけものてん

創業70年の老舗漬物店。ゴーヤー
や島らっきょうなど地元の食材を
使った漬物や珍味を用意。
☎098-867-0950

手間暇かけた沖縄料理
D 豊年
ほうねん

市場の2階にある沖縄料理がおいしい
食堂。じっくり煮込まれたてびちの煮
つけやマース煮がおすすめ。
☎098-862-9164

3代目の温かい接客で評判
B 与那嶺鮮魚
よなみねせんぎょ

仕入れたばかりの地元の新鮮な魚が
並ぶ。買った魚を2階の食堂で味わ
える「持ち上げ」も可能。
☎098-867-4241

作りたての生ジェラート
E H&Bジェラ沖縄 牧志店
エイチアンドビー ジェラおきなわ まきしてん

オーダーを受けてから沖縄産の新鮮
フルーツや野菜と、ジェラートを陶器
の器で混ぜて作る絶品ジェラート店。
☎090-8708-9047

海鮮料理もおすすめ
C きらく

沖縄料理が何でもそろう食堂。鮮魚
店で購入した魚を調理してくれる。
調理代は1人550円（3品まで）。
☎098-868-8564

このひと品で50年！
F ジーマーミ豆腐専門店 はま
ジーマーミどうふせんもんてん はま

首里城再建と共に創業したジーマー
ミ豆腐専門店。その日の夜中から作
り始め、売り切れ次第終了。
☎070-8576-0497

SHOPPING

伝統工芸

セレクトショップ

布雑貨

ショッピングセンター

食みやげ

見る＆食べる＆買う！！
国際通りを散策する

県庁前駅

御成橋通り

わしたショップ
国際通り店
>>>P.84

ゆうなんぎい
>>>P.69

サムズアンカーイン
国際通り店

パレットくもじ

国際通り

徒歩約1分

①

御菓子御殿

②

琉球マーケット

Splash okinawa
2号店

A&W 国際通り松尾店

御菓子御殿
国際通り松尾店

沖縄県庁

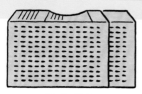

🌺 WHAT IS

国際通り

一方通行に注意
通勤時間帯である平日の朝夕は、道路の片側がバス専用レーンになるので運転때は要注意。

みやげ物店は22時まで
通り沿いの飲食店やみやげ店は、比較的夜遅くまで営業するのが特徴。時間を気にせず楽しめる。

荷物を預けられる
那覇市観光案内所では、コインロッカーのほかカウンターでも荷物預けOK。

---

①

うちな一御用達ハンバーガー
A&W 国際通り松尾店
エイアンドダブリュ
こくさいどおりまつおてん

「エンダー」の愛称で親しまれているハンバーガーショップ。ビーフやクリームチーズなどが入った定番のザ★W&Wバーガーは840円。ルートビア レギュラーサイズ 280円はお代わり無料。

🏠那覇市松尾 1-1-1 2・3F
☎098-917-5502　営9:00
〜22:30　休無休　🚃ゆいレール県庁前駅から徒歩3分　🚗Pあり
那覇 ▶MAP 別P20 A-3

---

②

沖縄銘菓を買うならここ！
御菓子御殿
国際通り松尾店
おかしごてん
こくさいどおりまつおてん

元祖紅いもタルトで有名な菓子店。琉球王国へタイムスリップしたような赤瓦の建物が目印。元祖紅いもタルト6個入りは972円。

🏠那覇市松尾 1-2-5
☎098-862-0334　営9:00
〜22:00　休無休　🚃ゆいレール県庁前駅から徒歩5分　🚗Pなし
那覇 ▶MAP 別P20 A-3

---

③

こだわりのグルメバーガー
Zooton's
ズートンズ

パテからバンズ、ベーコンまで自家製にこだわるバーガー店。一番人気のアボカドチーズバーガーは1190円。個々の具材が主張しすぎず、バランスのよいおいしさ。

🏠那覇市久茂地 3-4-9
☎098-861-0231
営11:00〜20:00（火・日曜は〜16:00）　休無休　🚃ゆいレール県庁前駅から徒歩約5分　🚗Pなし
那覇 ▶MAP 別P20 B-3

那覇の中心にのびる、1.6kmのメインストリート！ グルメもショッピングも
何でもそろうこの通りを、端から端まで歩いてみよう。
じっくり散策すれば、あなたのお気に入りのものに、きっと出合えるはず。

TOURISM

街歩き

アクティビティ

ビーチ

絶景

歴史

カルチャー体験

ドライブ

一銀通り

真夜中スイーツ
那覇国際通り店

ニューパラダイス
通り

❸ Zooton's

● ラマヤナ

ふくぎや 国際通り店

❹ **❺**

琉球民芸センター
くもじ店

ブルーシール
国際通り店

❻

ホテルJALシティ
那覇

newQ **❼**

ステーキハウス88
国際通り西口店

ホテル国際プラザ

松尾消防署通り

浮島通り

Okinawan Resort
Ti-da Beach

ふわふわバームクーヘン

ふくぎや 国際通り店
ふくぎやこくさいどおりてん

県産素材の黒糖、紅イモ、
はちみつ、卵をたっぷりと
使用。心を込めて一層一層
焼き上げる。20層以上も丁
寧に焼き重ね、しっとりとし
た味わいのフクギ（S）は1
個1430円。

🏠 那覇市久茂地3-29-67
☎098-863-8006 🕙10:00
〜20:00 🈺無休 🚃ゆいレー
ル美栄橋駅から徒歩約10
分 🚗Pあり
那覇 ▶MAP 別P20 B-3

スイーツタイムを満喫♪

真夜中スイーツ
那覇国際通り店
まよなかスイーツなはこくさいどおりてん

沖縄素材を使用した彩り豊
かなパンケーキやジェラー
トを真夜中まで楽しめるお
店。沖縄ならではの紅芋や
マンゴーなど好きな味を選
んで食べられる。

🏠 那覇市久茂地3-29-65 ☎な
し（公式SNS＠mayonaka_
sweets）🕙11:00〜翌2:30
🈺インスタグラムにて要確認
🚃ゆいレール美栄橋駅から徒
歩約10分 🚗Pなし
那覇 ▶MAP 別P20 B-3

これぞうちなーアイス

ブルーシール
国際通り店
ブルーシール こくさいどおりてん

沖縄素材を使ったオリジナ
ルフレーバーが人気の、今
や全国区のアイス店。レ
ギュラーダブルは640円で
フレーバーも豊富。クレー
プの販売もおすすめ。

🏠 那覇市牧志1-2-32
☎098-867-1450
🕙10:00〜22:30 🈺無休
🚃ゆいレール美栄橋駅から
徒歩約8分 🚗Pなし
那覇 ▶MAP 別P20 C-3

キュートなパインスイーツ

newQ
ニューキュー

石垣島産のパイナップルを
使用したソフトクリームや
タルトがそろい、行列がで
きるスイーツショップ。2階
にはイートインスペースも
あるので、国際通り散策の
休憩にもぴったり。

🏠 那覇市松尾2-8-2
☎なし（公式SNS＠gogo_newq）
🕙11:00〜18:00 🈺無休
🚃ゆいレール美栄橋駅から
徒歩約8分 🚗Pあり
那覇 ▶MAP 別P20 C-3

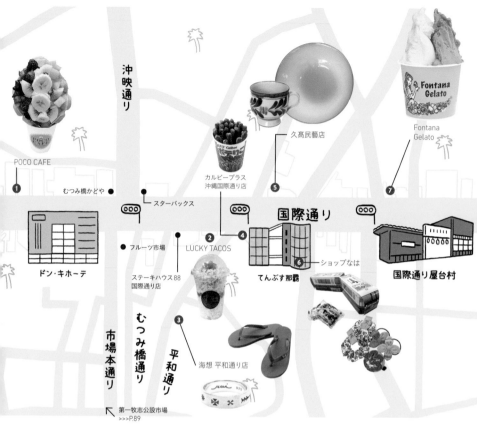

沖映通り

POCO CAFE
①

むつみ橋かどや ●

スターバックス

カルビープラス
沖縄国際通り店

久高民藝店

Fontana
Gelato
⑦

⑤

ドン・キホーテ

● フルーツ市場

LUCKY TACOS
②

④

国際通り

市場本通り

ステーキハウス88
国際通り店

むつみ橋通り

③

海想 平和通り店

平和通り

てんぶす那覇

⑥ ショップなは

国際通り屋台村

第一牧志公設市場
>>>P.89

①

盛り盛りエッグワッフル

POCO CAFE
ポコカフェ

ポコポコとしたエッグワッフルにフルーツや生クリームをのせ、カップに入れた香港発のスイーツ。ブルーシールをのせられるのは沖縄ならでは。メニューはマンゴーやバナナなどを入れたフレッシュフルーツマウンテン930円（税別）など。

🏠 那覇市牧志 1-3-62 1F
☎098-988-9980 ⏰10:00
〜23:00 ㊡無休 🚋ゆいレール牧志駅から徒歩約8分 🚗Pなし
〔那覇〕▶MAP 別P20 C-2

---

②

お手軽ソウルフード

LUCKY TACOS
ラッキータコス

平和通りにあるタコス＆タコライスの店。タコスにまーす（沖縄の塩）をかけて食べるとおいしい。シャキシャキ野菜と100％ビーフのミンチがたっぷり入った、持ち運びもしやすいタコライス（大）は900円。

🏠 那覇市牧志 3-1-11 プレストビル2F ☎098-868-3502
⏰11:00〜18:00 ㊡火曜
🚋ゆいレール牧志駅から徒歩約6分 🚗Pなし
〔那覇〕▶MAP 別P21 D-2

---

③

県内作家の作品が並ぶ

海想 平和通り店
かいそう へいわどおりてん

白を基調とした店内が印象的な「海想」では、オーガニックコットンTシャツや天然ゴムのビーチサンダルなど、人にも環境にも配慮したオリジナル商品を展開。やちむんやアクセサリーなど、沖縄県内の人気作家や工房の作品も扱う。

🏠 那覇市牧志 3-2-56 ☎
098-862-9228 ⏰10:00〜
20:00 ㊡無休 🚋ゆいレール牧志駅から徒歩約7分
🚗Pなし
〔那覇〕▶MAP 別P21 D-2

④

カルビーのおいしいを体験！

カルビープラス
沖縄国際通り店
カルビープラス
おきなわこくさいどおりてん

カルビーのアンテナショップ。沖縄でしか食べられない揚げたて「スイートポテリこ（紅芋）」340円が人気。おみやげには個包装された「海ぽて」998円がおすすめ！

🏠 那覇市牧志 3-2-2
098-867-6254 ⏰10:00
〜21:00（ホットスナックの提供は〜20:30）㊡無休
🚋ゆいレール牧志駅から徒歩約5分 🚗Pなし
〔那覇〕▶MAP 別P21 D-2

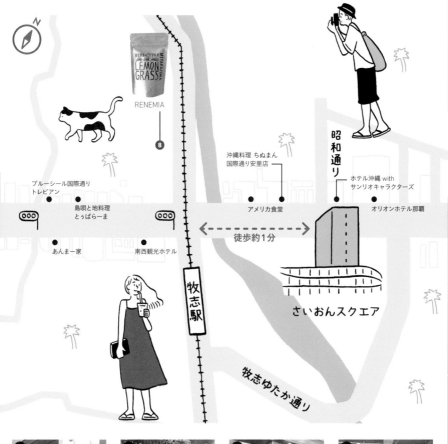

RENEMIA

沖縄料理 ちぬまん
国際通り安里店

昭和通り

ブルーシール国際通り
トレビアン

島唄と地料理
とぅばらーま

ホテル沖縄 with
サンリオキャラクターズ

アメリカ食堂

オリオンホテル那覇

徒歩約1分

あんまー家

南西観光ホテル

牧志駅

さいおんスクエア

牧志ゆたか通り

TOURISM

街歩き

アクティビティ

ビーチ

絶景

歴史

カルチャー体験

ドライブ

❺

創業約50年以上の確かな目
久髙民藝店
くだかみんげいてん

オーナーが選んだ伝統工芸品が集まる老舗のセレクトショップ。琉球ガラスや紅型、やちむん、花織などが広い店内に所狭しと並ぶ。作家や工房の名前が明記されているので安心して買い物ができる。マグカップ2200円など。

🏠那覇市牧志 2-3-1 K2 ビル1F ☎098-861-6690 🕙10:00〜20:00 🈺無休 🚉ゆいレール牧志駅から徒歩約5分 🅿Pなし
`那覇` ▶MAP 別P21 D-2

❻

沖縄みやげが大集合
ショップなは

てんぶす那覇 1F にある那覇市の"いいもの"を集めたお土産ショップ。数字で那覇をモチーフにした8個入1043円の「78サブレ」や、那覇市の市長賞を受賞した商品などを販売中。

🏠那覇市牧志 3-2-10 てんぶす那覇 1F ☎098-868-4887(那覇市観光案内所) 🕙10:00〜19:00 🈺無休 🚉ゆいレール牧志駅から徒歩約5分 🅿Pあり(有料)
`那覇` ▶MAP 別P21 D-2

❼

手作り沖縄ジェラート
Fontana Gelato
フォンタナ ジェラート

こだわりの県産素材を使用した18種類のジェラートは、2階の工房で手作りしている。シークヮーサーなど2種類のフレーバーを選べる「ダブル(カップ)」600円をテイクアウトして散策のお供にしよう。

🏠那覇市牧志 2-5-36 ☎098-866-7819 🕙10:30〜21:30 🈺無休 🚉ゆいレール美栄橋から徒歩約11分 🅿Pなし
`那覇` ▶MAP 別P21 D-2
※2024年7月頃に移転の予定あり。要確認

❽

ギャラリーのようなショップ
RENEMIA
レネミア

ギャラリーのような洗練された空間に、県内作家による手作りの工芸品やアート、オリジナルのハーブティーなどが並ぶセレクトショップ。宮古島ハーブティーは660円、育陶園の唐草手碗は5400円。

🏠那覇市牧志 2-7-15 ☎098-866-2501 🕙13:00〜17:30 🈺日〜水曜(展示会期中は無休) 🚉ゆいレール牧志駅から徒歩約2分 🅿Pなし
`那覇` ▶MAP 別P21 F-2

国際通りの全長は1.6km。位置によっては、ゆいレールで県庁前駅から牧志駅まで移動した方が楽な場合も。タクシーも有効に使おう！

青い海とたわむれる！
マリンアクティビティに挑戦

せっかくの美しい海、沖縄旅の思い出にアクティブなスポーツに挑戦してみたい！
今、話題のマリンスポーツを体験してみよう。

フランス発の新感覚マリンスポーツ
フライボード

🕐 **所要：約30分**
💴 **初回7700円** 要予約

水上バイク用のエンジンで吸い上げた海水を一気に噴射すると、空中にフワリ！上下左右に飛び回ることができる。

🚩 **このアクティビティを体験！**

上級者向けから初心者向けまで
ムーンビーチ

三日月の形に似た白い砂浜が一面に広がる。爽やかな青と白のパラソルの風景は、リゾートビーチならでは。マリンアクティビティが豊富で、空きがあれば当日でも体験可能。

🏠 恩納村前兼久1203
☎ 098-965-1020（ザ・ムーンビーチ ミュージアムリゾート）
🕐 9:30〜16:00（時期により異なる）
休 無休　料 2000円（プール利用料金含む）
🚗 石川ICから約4km　🅿 Pあり（有料）
西海岸リゾート ▶ MAP 別 P10 A-1

HOW TO

START

フライボード
レッスンの流れ

STEP 1

まずは受付へ
ホテルを出てすぐ左にある「マリンスポーツクラブ」にて受付する

STEP 2

レクチャー
ビーチでスタッフによる説明を受ける。終わったらいよいよ海へ！

STEP 3

チャレンジ！
最初はうつぶせからスタートする。お腹を下にして足を上手に使おう

STEP 4

成功！
バランスがとれるようになったら大成功。空中に立ってるみたい！

迫力満点な水圧で
空にダーーーイブ！

空に投げ出されるような強い
水圧で、クセになる爽快感

空から一面の青を見下ろす
絶景の空中散歩

Sea World

沖縄の美ら海を一望に！
パラセーリング

- 🕐 所要：30分〜1時間20分
- ¥ 7000円〜 要予約
  ※季節により料金変動あり

モーターボートに引かれて上空に浮かび上がる。那覇の三重城港、または沖縄美ら海水族館近くの本部港から出発する。

遮るもののない絶景を目の当たりに

📷 TOURISM

街歩き

アクティビティ

ビーチ

絶景

歴史

カルチャー体験

ドライブ

🚩 このアクティビティを体験！

体験メニューが豊富
Sea World
シー ワールド

さまざまなプログラムがあり、なかでも沖縄本島では数少ないパラセーリングが人気。上空40〜50mから、海に浮かぶ島を見下ろす。

🏠 那覇市若狭 3-3-1
☎ 098-864-5755
🕐 8:00〜17:00
㊡ 無休
🚗 那覇空港から約6km
🅿 Pあり
[那覇] ▶ MAP 別 P18 C-1

3人など、複数人で一度に楽しめるのも魅力

ボートに乗り、パラシュートを開くと上空へ！

帽子など日焼け止め
対策は万全に！

初心者でも問題なし！
スタンドアップパドル

- 🕐 所要：約90分
- ¥ 7000円 要予約

レクチャーがあるので初心者もOK。道具はすべてレンタル可能。

ダイビング or シュノーケリングが選べる。
水中カメラの無料レンタルあり

水中で記念撮影も！
青の洞窟 体験ダイビング
&シュノーケリング

- 🕐 所要：約2時間30分
- ¥ ダイビング 8800円、シュノーケリング 4800円
  要予約

ボードの上に立って海上をスイスイ移動

🚩 このアクティビティを体験！

仲よしファミリーがコーチ
Ohana SUP OKINAWA
オハナ サップ オキナワ

数々のSUP大会で優勝するインストラクター、田口さんファミリーが教えてくれる、アットホームな雰囲気が魅力。ビーチヨガも体験できる。

🏠 今帰仁村玉城738
☎ 080-9852-7689
🕐 9:00〜18:00頃
㊡ 無休
🚗 許田ICから約20km
🅿 Pあり
[沖縄美ら海水族館周辺]
▶ MAP 別 P13 E-2

幻想的なマリンブルーの世界へ

🚩 このアクティビティを体験！

青の洞窟のダイビングといえばココ！
MARINE CLUB Nagi
マリン クラブ ナギ

人気のダイビングスポット「青の洞窟」がある真栄田岬を拠点に活動。初心者でも存分に楽しめるダイビングやシュノーケリングのメニューが充実。

🏠 恩納村山田501-3
☎ 098-963-0038
🕐 7:30〜17:00
㊡ 無休
🚗 石川ICから約7km
🅿 Pあり
[西海岸リゾート]
▶ MAP 別 P10 A-3

🔅 マリンアクティビティショップのサービスを利用する際は、お店の場所と集合場所が異なることもあるので注意

ただぼーっとするのもあり！

天然ビーチでのんびり過ごす

👓 WATCH

とんがり帽が浮かぶ島

沖に浮かぶのは、本島からフェリーで約30分の伊江島。標高約170mのとんがり山、タッチュー（城山）がシンボル

👓 WATCH

どこまでも続く自然の造形

サンゴ礁や熱帯魚が集まる紺碧の海に、白砂のビーチが約800m続いている

👓 WATCH

本島有数の透明な海

海底までくっきりとよく見えるほど澄んだ海の水は、本島トップクラスの透明度を誇る

SESOKO BEACH

遊泳区域はにぎやかだが、周辺は静かな雰囲気

道の駅許田から

🚗

車で約**20分**

シュノーケリングにも最適

瀬底ビーチ

せそこビーチ

本部半島と橋で結ばれた瀬底島の西岸にある天然ビーチ。本島屈指の透明度を誇り、遊泳区域内ならシュノーケリングもできる。180度見渡せるサンセットも魅力。

🏠本部町瀬底5583-1 ☎0980-47-2368 ⏰9:00～17:00 ㊡期間中は無休（遊泳期間4月中旬～10月末、悪天候時は遊泳禁止となる場合もあり） 🚗許田ICから約25km 🅿Pあり（有料）

[トイレ有] [シャワー有] [売店有]

沖縄美ら海水族館周辺 ▶ MAP 別P12 C-2

CHECK!

どこにあるか
探してみて！

ロマンチックな
雰囲気に！

上：ビーチを歩いていると、ゴツゴツした南国らしい巨大岩を発見！　下：水平線に夕日が沈むサンセットスポットとしても知られている

瀬底ビーチを

楽しむPOINT

● 熱帯魚の種類が豊富で、シュノーケリングに最適な環境！

● ビーチにあるマリンスポーツのショップで、道具をレンタルできる

● 駐車場やシャワーなども完備されていて快適

人工ビーチも数多い沖縄だが、自然のままの天然ビーチの美しさは格別。本島トップクラスの透明度を誇る絶景ビーチに、時間を忘れて癒やされたい。

TOURISM
街歩き
アクティビティ
ビーチ
絶景
歴史
カルチャー体験
ドライブ

WHAT IS
天然ビーチ

海の透明度が高い天然ビーチは、人の手が加えられていないからこそ、自然のままの美しさを残している。施設が充実した人工ビーチのような便利さはないが、ヤドカリなどの海の生き物も多く、自然と一体になれる感覚が魅力。

MIBARU BEACH

WATCH
迫力！ ゴツゴツ岩
潮が引くと全貌を現す巨大な岩。満潮時は小魚がたくさん集まってくる

WATCH
海の中の様子を覗けちゃう
船の底がガラス張りで、海中の様子が観察できるグラスボートが運航している

WATCH
浅瀬が続く安全ビーチ
ビーチは遠浅で、海水浴にぴったりの環境。小さい子どもでも安心して遊べる

グラスボートで海中観察もできる

平和祈念公園から
車で約25分

南部イチの天然ビーチ
新原ビーチ
みーばるビーチ

白い砂浜が続く浅瀬の天然ビーチ。海に並ぶ大岩が見もの。大潮の干潮時には岩場に集まる小魚が見られる。
>>>P.129

🏠南城市玉城百名　☎098-948-4611（南城市観光協会）　🕐遊泳自由（監視員なし）　💴無料　🚗南風原北ICから約13km　🅿️Pあり（有料）
トイレ有　シャワー有
南部　▶MAP 別P5 E-2

CHECK!

静かにのんびりするのにおすすめ！

リゾート開発されていない隠れ家的なビーチ

新原ビーチで
楽しむPOINT

● グラスボートで生き物観察ができるなどファミリーにぴったり

● ビーチは遠浅で、穏やかな海を楽しめる

● バナナボートなどマリンスポーツも可能

HAHAHAHAHAHA

浜辺でゆんたく（おしゃべり）してるさ〜

👣 新原ビーチ周辺には、青い海を見渡す海カフェが点在している

ただ眺めるだけじゃない！楽しみ方さまざまな
絶景スポットで感動体験

美しい紺碧の海にせり出した岬は、朝に夕に移り変わる自然の表情が魅力。
景色が素晴らしいだけでなく、ボートに乗ったりシュノーケリングをしたり、
プラスアルファの楽しみがある美景スポットで、絶景を目に焼き付けよう。

エメラルドブルーの
海がきれい

👀 WATCH

象の鼻
海に突き出た断崖が、象の鼻
の形にそっくり。崖の上には
天然芝が広がっている

👀 WATCH

サンゴ礁
周辺の海はバツグンの透明
度を誇り、リーフ（サンゴ礁）
が一望できる

万座毛の絶景は
行って離れて二度楽しめる

日中も夕方も絶景！
万座毛
まんざもう

琉球石灰岩の断崖と透き通った海が
美しい。夕日の名所としても人気で、
夕暮れ時には大勢人が集まる。「万人
が座れる毛（広場）」が名前の由来に
なっている。

🏠 恩納村恩納 ☎ 098-966-8080（万
座毛周辺活性化施設） 🕐 8:00〜19:
00（3〜10月は〜20:00） 🈳無休 🈺
展示施設100円 🚗屋嘉ICから約6km
🚗 Pあり

西海岸リゾート ▶ MAP 別P10 C-2

ステキな景色を
見に行こう♪

🌺 HOW TO

万座毛のめぐり方
万座毛の周辺には1周10〜20分ほどの
遊歩道が整備されている。歩道沿いに
は珍しい植物も自生している。

トベラ岩
海の中に並ぶ小さな2つの岩。しめ縄で結
ばれ、縁起がいいと言われている

アダンやクサトベラなどの
亜熱帯植物が生い茂る

名物・象の鼻が見える、万座毛の展望スペースからの眺めは格別！

+α

👓コレを楽しむ！

サンセット
東シナ海の水平線に沈む夕日を一望できるサンセットスポットとしても有名。

━ みやげSHOP ━
🛒

みやげショップやレストランが入った万座毛周辺活性化施設へGO！

大パノラマに感動！

+α

青の洞窟
真栄田岬で人気のマリンスポット。洞窟内が青く光り、神秘的。シュノーケルツアーなどで行くことができる。

ダイバーも認める透明度
真栄田岬
まえだみさき

人気のダイビングスポットで、階段を降りて直接海に入ることができる。

🏠恩納村真栄田469-1
☎098-982-5339（真栄田岬管理事務所）
🕐7:00〜19:00（時期により異なる）
🈲台風、警報発令時 💰無料
🚗石川ICから約7km 🅿Pあり（有料）
西海岸リゾート ▶MAP 別P10 A-3

海風優しい静かな時

+α

残波リゾート
アクティビティパーク
残波岬横にある複合施設。バーベキューや、ふれあい広場でヤギの餌付けなどができる。
☎098-958-0038

白亜の灯台がフォトジェニック
残波岬
ざんぱみさき

高さ30mの絶壁が約2km続く。晴れた日には慶良間諸島の景色を一望。

🏠読谷村宇座 ☎098-958-3041（燈光会残波岬支所）🕐見学自由（灯台は9:30〜16:30、3〜9月の土・日曜は〜17:30）💰灯台は参観寄付金300円
🚗石川ICから約15km 🅿Pあり
西海岸リゾート ▶MAP 別P8 A-1

海中の魚の餌やり体験ができるのも魅力

グラスボート
クジラ型のボートの底一面がガラス張り。海中散策気分を満喫できる。

+α

海中展望塔
24面の窓から、360度広がる海の世界を覗くことができる。

熱帯魚が泳ぐ海の世界を観察
ブセナ海中公園
ブセナかいちゅうこうえん

部瀬名岬の先端にある。海中展望塔と専用のボートで水中観察ができる。

🏠名護市喜瀬1744-1 ☎0980-52-3379
🕐9:00〜17:30（季節により異なる）🈲無休（海況により営業中止の場合あり）
💰海中展望塔＋グラスボート2100円
🚗許田ICから約4km 🅿Pあり
西海岸リゾート ▶MAP 別P11 D-2

📷
TOURISM
街歩き
アクティビティ
ビーチ
絶景
歴史
カルチャー体験
ドライブ

いざ、カヤックで亜熱帯の大自然の中へ！

マングローブを冒険

WHAT IS

慶佐次川(けさし)マングローブ カヤック

カヤックに乗り、マングローブの本流を通って、支流を進む。専門ガイドと一緒に、生息する生物の観察も行う。

カヤック2時間半コース

🕐 所要：約2時間30分

¥ 7000円

予約 前日までにTELまたはHPから要予約

開始 満潮時（毎日異なる。要問い合わせ）

服装&持ち物

帽子
日焼け対策に帽子は忘れずに！　女性はつばの広い帽子と日焼け止めを

服装
動きやすく、濡れてもいい服装で。必ず濡れるので着替えは必須

ライフジャケット
無料でレンタルでき、子どもから大人サイズまで豊富。衣類の上から着用する

靴
水濡れOKなアクアシューズやサンダルを持参。フラットな靴底がベスト

気分は探検家！！

パドルを漕いで
未知なる出合いに大興奮！

沖縄の自然の美しさは海だけじゃない！
大迫力の亜熱帯植物がいっぱいの森に飛び込んで、
澄んだ空気に癒やされよう。

これからもっと
大きくなるよ！

コース沿いにいた成長中の
若いマングローブ

TOURISM

街歩き

アクティビティ

ビーチ

絶景

歴史

カルチャー体験

ドライブ

HOW TO

START LET'S GO！
マングローブカヤック

STEP 1
ツアー申し込み
開始15分前に集合。受付と着替えをすませて準備はOK！

STEP 2
基本操作を学ぶ
ツアーガイドから浜辺でカヤックの基本操作のレクチャーを受ける。

STEP 3
出発！
いざ実践！ 最初はぎこちないものの、だんだんと前に進めるように

STEP 4
上流へ進む
上流へと進み、マングローブの中へ。間近に見ると迫力満点！

発見！

コース途中で
出合った
トントンミー

STEP 5
海へ出る
川を下り海へ出ると、水の色も変化してくる。潮風を感じる

🚩 このツアーを体験！

カヤックで林へ海へ
やんばる.クラブ

沖縄本島最大のマングローブでカヌーツアーを催行するショップ。マングローブを探検するアクティビティが人気で、地元の専門ガイドが丁寧に案内してくれるので安心♪

🏠東村慶佐次730-4 ☎0980-43-6085
🕗8:00 〜 17:00、⊗無休
🚗許田ICから約27km 🅿Pあり

やんばる ▶MAP 別P14 C-2

琉球王国繁栄の軌跡を今に伝える

世界遺産を訪ねる

2000年12月、日本で11番目の世界文化遺産に登録された沖縄の世界遺産。
9つある世界遺産を訪れ、遺産が物語る、琉球の歴史を体感しよう。

琉球王国の誕生を彩る 5つのグスク

首里城跡

琉球王国を象徴する城

首里城公園入口にある守礼門。2千円札にも描かれた

琉球王国を統一した拠点

首里城公園
しゅりじょうこうえん

在りし日の首里城正殿。2026年の復元完成を目指す

那覇市街を見下ろす高台に築かれた色鮮やかな城。築城年や築城主は不明だが、1429年の琉球統一後に政治行政や国家的儀礼の拠点及び国王の居城として、約450年間王府の中枢機関を担った。

🏠那覇市首里金城町1-2（首里城公園管理センター）　☎098-886-2020　🕐無料区域8:00〜19:30、有料区域8:30〜19:00（詳細はHPで確認）　🈚無休　💴400円　🚃ゆいレール首里駅から徒歩約15分　🅿あり（有料）

首里　▶MAP 別P23 E-1

今帰仁城跡

御内原からは海が見える

北山の栄華をうたう山城

全長1.5kmにわたる堅牢な造りの城壁。人の手で積み上げられた長い石積みは、当時の北山王の勢力を物語る

10の郭を有する雄大な城跡

今帰仁城跡
なきじんじょうあと

沖縄本島北部、本部半島の北側に位置する、琉球統一前の北山王の居城。首里城に次ぐ規模を誇る巨大な山城で、龍のように山麓を這う城壁とコバルトブルーの海を望む景観の美しさが特徴。グスク内外にある拝所や御嶽を訪れる人も多い。1〜2月に咲く寒緋桜の名所としても知られる。

🏠今帰仁村今泊5101　☎0980-56-4400（今帰仁村グスク交流センター）　🕐8:00〜18:00（5〜8月は〜19:00）　🈚無料　💴入場料600円（今帰仁城跡・歴史文化センターと共通）　🚗許田ICから約26km　🅿Pあり

沖縄美ら海水族館周辺　▶MAP 別P13 D-2

座喜味城跡

要塞として築かれたグスク

一の郭と二の郭の2つの郭が織りなす機能的で優美な石垣

護佐丸が築き上げた最高傑作のグスク
要塞としてのグスクの完成形とも言われ、アーチ門の美しさが見事

沖縄最古のアーチ門が残る

座喜味城跡
ざきみじょうあと

15世紀初期に築城の名手・護佐丸が築く。護佐丸は中山軍の武将の一人で、中山の王・尚巴志の北山攻めに参加し、今帰仁城陥落の武功をたてたあと、座喜味城を築いた。一の郭と二の郭からなる城壁は分厚く強固で、独特の曲線を描く。通常のグスクにはある御嶽が見つかっていないのも特徴。

🏠読谷村座喜味708-6　☎098-958-3141（座喜味城跡ユンタンザミュージアム）　🕐城内見学自由　🚗石川ICから約13km　🅿Pあり

西海岸リゾート　▶MAP 別P9 D-1

⬛ WHAT IS

TOURISM

街歩き

アクティビティ

ビーチ

絶景

歴史

カルチャー体験

ドライブ

沖縄の世界遺産

琉球王国という独立した国家。海外貿易で名を馳せた独自性のある王国文化や信仰形態の特質が認められ、世界遺産の登録に至った。

登録名称	琉球王国のグスク及び関連遺産群
遺産区分	文化遺産
登録年	2000年（平成12年）

世界遺産MAP

❷ 今帰仁城跡
（今帰仁村）

❸ 座喜味城跡
（読谷村）

❹ 勝連城跡（うるま市）

❶ 首里城跡
❻ 玉陵
❼ 園比屋武御嶽石門
❽ 識名園
（全て那覇市）

❺ 中城城跡（北中城村）

❾ 斎場御嶽（南城市）

琉球王国って？

15世紀前半からの約450年間、首里を中心に存在した王国。三王国に分立していた琉球を、中山の王・尚巴志（しょう はし）が統一して誕生。中国や日本の影響を受け、独自の文化を開花した。

14世紀中頃
三王国が分立

北山 はくざん	中山 ちゅうざん	南山 なんざん

15世紀前半
中山の王・尚巴志
が三山を統一

琉球王国（第一尚氏王朝）

9つの世界遺産は1日でめぐれる？

北から南まで広範囲に点在しているため、1日で全てをめぐるのは時間的にかなり厳しい。2日以上に分けて、じっくりめぐるのがベター。そのほかの観光スポットやグルメとあわせて楽しもう。

世界遺産にまつわるイベントも要チェック！

11　【国際通り】
琉球王朝絵巻行列
首里城祭のメインイベント。華やかな衣装を着た参加者が国際通りを練り歩き、琉球の物語を再現。

12　【中城城跡】中城城ツワブキまつり

1.2　1月下旬〜2月上旬
【今帰仁城跡】今帰仁グスク桜まつり

※状況により内容の変更、延期、中止の場合あり。

勝連城跡

天下を狙った阿麻和利の城跡

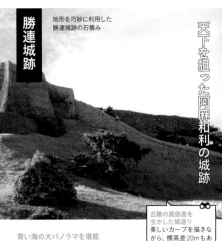

地形を巧妙に利用した勝連城跡の石積み

丘陵の高低差を生かした城造り美しいカーブを描きながら、標高差20mもある石垣がせり上がる

青い海の大パノラマを堪能

勝連城跡
かつれんじょうあと

首里王府に反旗を翻した、10代目城主・阿麻和利の居城。海外貿易を行い、勝連の繁栄を築いた阿麻和利は地元の英雄。1458年にライバルである中城城の護佐丸を倒し、首里城を攻めたが大敗して滅びた。勝連城の一の曲輪からは中城湾を一望する大パノラマが広がる、最高のロケーション。

🏠うるま市勝連南風原3807-2　☎098-978-2033（あまわりパーク管理事務所）　⏰9:00〜17:30　💴600円　🚗沖縄北ICから約9km　🚙Pあり

中部 ▶MAP 別P9 D-2

中城城跡

琉球の争乱を体感した城

地形を巧みに活かした美しい曲線の城壁

多くの遺構がほぼ原形のまま残る公的機関として使用され、沖縄戦の被害が少なかったことなどが要因

威風堂々とした難攻不落の城

中城城跡
なかぐすくじょうあと

15世紀中頃に座喜味城主・護佐丸が阿麻和利を牽制するために移った城。美しい石積みと6つの郭を持ち、その石造建築技術の高さはペリー艦隊一行も賞賛したほど。積み方の違う石積みから、時代の変遷が分かる。阿麻和利が率いた首里王府軍に攻め込まれ、護佐丸はここで最期を迎えた。

🏠北中城村字大城503　☎098-935-5719（中城城跡共同管理事務所）　⏰8:30〜17:00（5〜9月は〜18:00）　🈺無休　💴400円　🚗北中城ICから約3km　🚙Pあり

中部 ▶MAP 別P8 B-3

🌺 5つのグスク以外にも、沖縄には約200カ所以上のグスクがある。城だけではなく、自然石を積んだだけの遺跡も指す

琉球文化の遺物 4つの関連遺産

玉陵

琉球の歴代国王が眠る陵墓

石垣によって外庭と内庭に区分
内庭にはサンゴの砂利が敷き詰められ、陵墓がある

第一門から眺めた玉陵。
宮殿のような雰囲気

園比屋武御嶽石門

琉球石灰岩を用いた立派な石造りの門
門扉を除く全てが石造りで、琉球王国時代の石工技術の高さを物語る

国王の外出時に安全を祈願

首里城公園内の守礼門をく
ぐってすぐの所にある

第二尚氏王統の巨大な陵墓で、1501年に尚真王が父・尚円王を改葬するために築いた。この墓の形が、沖縄独特の破風墓の原型となったと言われる。墓室は東室・中室・西室の3つに分かれ、中室には洗骨前の遺骸を安置し、東室は王と王妃、西室は限られた家族が葬られている。

国王が城外に出る際に、道中の安泰を祈願する拝所として、第二尚氏王朝の第3代・尚真王が1519年に創建した石門。琉球では、神は天から木々や岩に降りると考えられ、石門の後方に広がる森が聖地とされている。「東御廻り」(>>>P.111)の出発点でもあり、今も参拝者が絶えない。

向かって左から東室・中室・西室が並ぶ

謎も多い国王の陵墓
玉陵
たまうどぅん

墓室の東塔にある、
王の墓を守る石獅子

🏠那覇市首里金城町1-3 ☎098-885-2861 ◎9:00～17:30 ㉂無休 ㉑300円 ◎ゆいレール首里駅から徒歩約20分 🚗Pなし

首里 ▶MAP 別P23 D-1

石門の横にある石碑。世界遺産登録の経緯を記載

王の無事を祈った神聖な石門
園比屋武御嶽石門
そのひゃんうたきいしもん

🏠那覇市首里真和志町1-7 首里城公園内 ☎098-917-3501(那覇市市民文化部文化財課) ◎見学自由 ◎ゆいレール首里駅から徒歩約15分 🚗Pあり(有料)

首里 ▶MAP 別P23 E-1

斎場御嶽

📷 必見!

琉球王国最高の聖地

御嶽内の6つの拝所
入り口から大庫理、寄満、シキヨダユルアマガヌビー、アマダユルアシカヌビー、三庫理、チョウノハナと拝所が点在

最初の拝所「大庫理」

識名園

日本と中国の文化がミックスされた庭園
日本庭園の造りを基本に、中国風や琉球風デザインの建物が混在

琉球王家の別邸

四季折々の花々が咲く風景が見事な、廻遊式庭園

琉球国最高の神女、聞得大君（きこえおおきみ）の就任式「御新下り」も行われた、神聖な御嶽。御嶽内には六つの拝所がある。かつては男子禁制で、国王さえも御嶽前までしか行けなかったそう。琉球創世の神アマミキヨ（>>>P.110）が、最初に設けた七御嶽の一つとされている。

首里城から南に約3kmの位置にある、琉球王家の別邸。王族の保養や、中国皇帝の使者・冊封使の接待に用いた。1799年、尚温王の時代に造られ、沖縄戦で破壊されたあと、復元整備され公開。園内は熱帯の木々に覆われ、中国風東屋「六角堂」や石橋を配備した廻遊式庭園が美しい。

2つの巨岩が互いに支えあう「三庫理」。聖域保護のため立入禁止

アマミキヨの神話も息づく聖地

斎場御嶽
せーふぁうたき
>>>P.108

「三庫理」のウナ
一部からは久高島を望む

池の中に浮かぶ中国風東屋「六角堂」

冊封使をもてなした王家の別邸

識名園
しきなえん

赤瓦屋根の屋敷は琉球風の造り

🏠 那覇市真地421-7　☎098-855-5936　🕘9:00〜17:30（10〜3月は〜17:00）　㊡水曜（祝日の場合は翌日休）
💰400円　🚃ゆいレール首里駅から車で約10分　🚗Pあり
那覇 ▶MAP 別P23 D-3

園比屋武御嶽石門や斎場御嶽では、今でも拝みの儀式を行う人々がいる。むやみに話しかけたり、写真を撮ったりは慎もう

南部イチのジャングルゾーン

ガンガラーの谷で秘境探検

太古の自然が宿る南部エリアのガンガラーの谷は、
生命力にあふれる亜熱帯の植物や、鍾乳洞など見どころが満載。
生命の神秘を感じる癒やしスポットを、ガイドツアーで楽しくめぐろう!

📷 ガイドツアーの見どころ ❶

大主ガジュマル
うふしゅ

ガンガラーの谷の中でも圧倒的な存在感。樹齢約150年。15mもある根を這わせて徐々に移動することから、ガジュマルは歩くといわれている。

所要時間
🕐 約1時間20分

大自然が創り出した神秘の谷を歩く

自力で広くなる程と仕上げて

大自然の中で深呼吸

ガンガラーの谷
ガンガラーのたに

約2万年前の人類「港川人」居住区の可能性が高く、現在も調査中の亜熱帯の森。歴史的にも貴重な史跡を、ガイドツアーに参加して見学する。

🏠南城市玉城前川202 ☎098-948-4192 🕐9:00〜17:30(電話受付、最終ツアーは16:00) 休無休(イベント時休業の場合あり) 🚗南風原南ICから約6km 🚗Pあり

南部 ▶MAP 別P5 D-2

🚩体験DATA

ガイドツアー

🕐 所要:約1時間20分
¥ 2500円(ガイドツアーでのみ見学可)
予約 事前要予約
開始 10:00/12:00/14:00/16:00

大迫力の大主ガジュマルは、生命力に満ちあふれている

ガイドツアースタート!

約1kmにおよぶ亜熱帯の森を探検するにはガイドツアー参加が必要。まずは集合場所のCAVE CAFEで受付しよう。ルート途中にはトイレがないので事前に済ませておこう。

谷の植物や歴史に詳しい専門ガイドの案内のもと、谷間に広がる森の中へ。珍しい植物を見つけたら、ガイドに聞いてみよう!

📷 見どころ ❷
イナグ洞

イナグとは沖縄の方言で"女性"のこと。安産・良縁が願われている。

📷 見どころ ❸
イキガ洞

イキガとは"男性"の意で、命の誕生や子どもの成長を願う場所として古くから人々が訪れている。

鍾乳石の洞窟へ

洞窟の中はランタンを持って進む

📷 見どころ ❹
ツリーテラス

見晴らしのいいスタッフ手作りのツリーテラス。森と海を望むロケーションで、開放的な南部の風景が楽しめる。

見晴らしサイコー!

一部は木の上に作られている

貝のビーズの発見も!

📷 見どころ ❺
武芸洞
<small>ぶげいどう</small>

港川人も住んでたかも?

ツアーのゴールはここ。約2500年前の石の棺が見つかり、中にはうつぶせになった40代男性の人骨が入っていたそう。

石の棺が出土した部分

🌺 HOW TO

ガンガラーの谷の楽しみ方

貴重な自然や化石が眠っているものの、気軽に見学できる「ガンガラーの谷」。旅行スケジュールを計画する際のポイントをご紹介。

予約制のツアーでのみ谷をめぐれる
地質や自然の保護のため、谷の中を見て回るのは予約者のみ。ホームページか電話で予約可能。日によっては増発便もあり。

オールシーズンOK
どの季節でも青々とした植物が見られ、沖縄の自然を体感できるが、おすすめは日光が差し込み木々が美しく見える夏。

雨でもツアー決行!
雨の日の森は植物が潤い、神秘的な雰囲気に。雨具(カッパや傘)が必要だが、手持ちがないときは受付で簡易カッパを購入しよう。

運がよければ発掘調査風景も見られる
研究者による発掘調査が継続的に行われており、石器や人骨などが見つかっている。

CAVE CAFF内の発掘調査区

TOURISM
街歩き
アクティビティ
ビーチ
絶景
歴史
カルチャー体験
ドライブ

琉球神話が息づく

2大聖地を巡礼する

拝所では背筋をのばして
心静かにお祈り

琉球王国最高位の聖地

斎場御嶽
せーふぁうたき

所要時間 約1時間

琉球開闢伝説にも登場する琉球最高の聖地。木々が生い茂る聖域には大庫理など6つのイビ（神域）があり、現在でも信仰を集めている。世界遺産に登録。

🏠南城市知念久手堅539
☎098-949-1899（緑の館・セーファ）⏰9:00〜17:15（11〜2月は〜16:45）🗓不定休
💴300円 🚗南風原北ICから約15km 🅿Pあり

南部 ▶MAP 別P5 F-3

斎場御嶽 MAP

2つの琉球石灰岩が寄りそってできた三庫理（さんぐーい） 掲載許可：南城市教育委員会

2大聖地のめぐり方

フェリーに乗ってはしごできる2つの聖地。
1日で回れるめぐり方をご紹介。

チケットを買う
南城市地域物産館に駐車してチケットを購入する。御嶽入り口はここから徒歩で約10分。

久高島遥拝所へ
御嶽内に入る参道の入口、御門口の右側では、遠くに久高島を望むことができる。

拝所をめぐる
拝所は「大庫理（うふぐーい）」「寄満（ゆいんち）」「三庫理（さんぐーい）」などがある。

フェリーで久高島へ
安座真（あざま）港からフェリーで片道約25分かけて久高島へと出発！

安座真港から出港

今も人々の信仰を集める、琉球王朝の2大聖地。神聖な空気に満たされた「斎場御嶽」を訪れたあとは、近くの港からフェリーで「久高島」へ。不思議と心安らぐパワースポットをはしごしよう。

島全体が神聖な場。
一周すれば心が洗われる！

押し寄せる波が
迫力満点！

信仰が色濃く残る"神の島"
久高島
くだかじま

所要時間
約**2**時間

本島の知念半島の先に位置する、周囲約8kmの小さな島。五穀の種子が最初に漂着した地とされ、五穀発祥の地とされている。

☎098-835-8919（久高島振興会）
南部　▶MAP 別P2 B-3

久高島MAP

ハビャーン
ロマンスロード
フボー御嶽
御殿庭　　　イシキ浜
徳仁港　お食事処とくじん

琉球開闢(かいびゃく)神話

琉球開闢の祖アマミキヨが天から久高島へと降り立ち、国造りを始めたという伝説。歴代の国王はこれに倣い、縁ある14の聖地をめぐる「東御廻り(あがりうまーい)」を行った。

海が目の前に広がるハビャーン

久高島に到着！

理想郷ニライカナイに通じるとされるイシキ浜

GOAL

自転車を借りる
島内はレンタルサイクルで回るのがベスト。徳仁港近くのショップなどで借りられる。

名所をめぐる
祭事を行うエリアなど、神聖な場所が点在。写真はフボー御嶽(うたき)で、中への立ち入りは禁止。

ハビャーン
島の北東端にある絶景の岬。荒々しい波が打ち寄せる。

大声で話さない、その場のものにむやみに手をふれたり持ち帰ったりしないなど、神聖な場所では特に見学マナーに気をつけたい

TOURISM
街歩き
アクティビティ
ビーチ
絶景
歴史
カルチャー体験
ドライブ

琉球創生の神
アマミキヨ

アマミキヨ

天から土石や草木などを持ってきて島々を創り出したと伝わる

3人の子を産み、そこから琉球の人々が繁栄したとされる

浜比嘉島に墓があり、実在した人物だったのでは？という説も

沖縄で語り継がれる
琉球創生神話

　沖縄にも存在する、国の成り立ちを語る、創生神話。沖縄の宗教について記した現存最古の書『琉球神道記』にもその記載がある。

　天から降臨した女神・アマミキヨと男神・シネリキヨの二神が、海に漂う小さな島から国土を造った。そして、風によって、アマミキヨがシネリキヨとの子を妊娠し、そこから子孫が繁栄したそう。

　沖縄には、今でもこの国造りの物語になった地が存在し、大事に語り継がれている。神話の地を訪れてみよう。

創生神話の地 1

アマミキヨが降臨したと
伝わる久高島 >>>P.109

東の海の彼方にある楽土「ニライカナイ」からやって来た神様は、最初に久高島に降り立ち、次に沖縄本土に向かったとされる。その始まりの場所が久高島の最北端にあるハビャーンと伝わる。サンゴ礁が広がる美しい海を眺められる絶景スポットだ。久高島は神の島と崇められ、沖縄の中でも最強のパワースポット。神様との縁がないと島へ渡れないという声もある。

創生神話の地 MAP

クボウ御嶽 —— 安須森御嶽

首里森御嶽
雨つづ
天つぎ御嶽 —— 浜比嘉島
薮薩御嶽 —— 久高島
斎場御嶽 —— フボー御嶽

アマミキヨが最初に降り立ったハビャーン。パワースポットとして知られ、祈りを捧げに多くの人が訪れる

 WHAT IS

拝所でのマナー

拝所は神聖な場所ということを念頭に置き、華美すぎる服装は避けたほうがベター。お祈りをしている方の妨げになるような行為はNG。祭壇や石垣に上ったり、香炉などにはふれないように気をつける。

TOURISM

街歩き

アクティビティ

ビーチ

絶景

歴史

カルチャー体験

ドライブ

創生神話の地 2

天命を受けて造った 7つの御嶽

アマミキヨによる国造りの物語に登場するのが、「開闢七御嶽(かいびゃくななうたき)」。天帝の命を受けたアマミキヨは、琉球に7つの御嶽を造ったとされる。このうち重要なのが、琉球王国時代最高の聖地と言われる斎場御嶽。2枚の巨岩が造る三角形のトンネルを抜けた先にある三庫理の遥拝所からは、久高島を望むことができる。

琉球開闢七御嶽

① 安須森御嶽 (国頭村辺土)
② クボウ御嶽 (今帰仁村 (今帰仁城跡近辺))
③ 斎場御嶽 (南城市知念) >>>P.108
④ 薮薩御嶽 (南城市玉城)
⑤ 雨つづ天つぎ御嶽 (南城市玉城)
⑥ フボー御嶽 (南城市知念 (久高島))
⑦ 首里森御嶽 (那覇市 (首里城内))

斎場御嶽の三庫理。この奥に遥拝所がある

創生神話の地 3

順番にめぐってみようかしら

アマミキヨが住居を 構えた浜比嘉島

アマミキヨとシネリキヨが住んだ場所として知られるのが、海中道路を車で渡った先にある、浜比嘉島。島内には、居住跡とされる「シルミチュー」(>>>P.135)や、二神を祀る「アマミチュー」という霊場があり、無病息災や五穀豊穣、子宝祈願に訪れる人が多い。ほかにも神々にまつわるスポットが点在しており、島全体が聖地とされている。

二神が祀られるアマミチュー。現在でも地元の人々が祈願に訪れる

居を構え、生活したと言われるシルミチュー。子宝のご利益がある

琉球の創生神話と王朝の成立をたどる 聖地巡礼の旅

「東御廻り」へ

「東御廻り(あがりうまーい)」とは、アマミキヨが渡来して住みついたと伝わる14の聖地(霊場)を、順に拝み回ること。かつて琉球の王様がこの聖地を巡礼し、王国の繁栄と五穀豊穣を祈願したと言われている。那覇の園比屋武御嶽石門からスタートし、南部に点在する聖地をめぐる。1日で回れるので、ぜひ挑戦してみよう。

所要時間 約8時間

◎「東御廻り」コース

1 園比屋武御嶽
2 御殿山
3 親川
4 場天御嶽
5 佐敷上グスク
6 テダ御川
7 斎場御嶽
8 知念グスク
9 知念大川
10 受水・走水
11 ヤハラヅカサ
12 浜川御嶽
13 ミントングスク
14 玉城グスク

「東御廻り」で清めた
塩のお守り

PICK UP

「機織工房しよん」のマース袋は、作家自身が巡礼して清めた塩入り！
>>>P.76

「東御廻り」を行う場合は、ツアー参加がおすすめ。聖地といっても岩や樹木、水があるだけなので、場所が分かりづらいため

ノスタルジックな石畳が残る

首里でヒストリカル散歩

かつて首里城を中心に造られた情緒あふれる城下町をそぞろ歩き。
琉球王朝時代の史跡をめぐり、歴史散歩を楽しもう。

石畳と赤瓦が続く
のんびりお散歩コース

首里MAP

多少のアップダウンはあるが、徒歩で回れる

0m 100m

ゆいレール儀保駅
池端
龍潭通り
当蔵
首里高
首里城前
沖縄県立芸術大
龍潭❷
弁財天堂❶
ゆいレール首里駅
START
右手には赤瓦の
首里城公園管
理センター
守礼門
❸玉陵
なだらかな
下り坂が
続く
石畳入口
首里城公園
首里金城町石畳道❺
よく見る
石畳道は
ココ！
金城大樋川❻
❹首里金城の大アカギ
赤マルソウ通り
N
GOAL

👀 WATCH ➡

首里城公園から続く
「真珠（まだま）道」

琉球王国時代、防衛のために建設された軍用道路。「日本の道100選」に選ばれている。

TOURISM

街歩き

アクティビティ

ビーチ

絶景

歴史

カルチャー体験

ドライブ

首里のめぐり方

守礼門からスタートし、琉球王国ゆかりの地などをめぐる
ルートはこちら！　日差しの弱い朝か夕方がおすすめ。

START

AM 10:00
しゅれいもん
守礼門

徒歩
約5分

水の女神を祀るお堂
弁財天は当初、隣の円
覚寺で祀られていた

AM 10:05
べざいてんどう
❶ 弁財天堂

1502年に造られた人工池・
円鑑池（えんかんち）の中之
島に立つ御堂。航海安全を
司る弁財天を祀っていた。

⌂那覇市首里当蔵町
☎098-886-2020　⊙見
学自由　⊗ゆいレール首
里駅から徒歩約15分
首里 ▶MAP 別P23 E-1

徒歩
約3分

中国の使者を
もてなした場所
中国で得た造園技術で
造ったとされる

AM 10:20
りゅうたん
❷ 龍潭

首里城の北側にある人工池。かつて中
国皇帝の使者をもてなし、舟遊びや宴を
行っていた。「首里八景」の一つ。

⌂那覇市首里真和志町　☎098-886-
2020　⊙見学自由　⊗ゆいレール
首里駅から徒歩約15分
首里 ▶MAP 別P23 E-1

徒歩
約5分

左右にある塔に
獅子像を発見！

AM 10:50
たまうどぅん
❸ 玉陵

1501年に築かれた、琉球王
国時代の第二尚王統の陵墓。
沖縄最大の破風墓で、王族
の遺骨が納められた。陵墓
の装飾が素晴らしく、勾欄を
飾る龍や花鳥の彫刻は必見。
世界遺産・国宝にも登録。周
囲は石垣に囲まれている。

>>>P.104

3つの墓室
内部は東・中・西の3室
に分かれている

↓ 徒歩約10分

AM 11:30
しゅりきんじょう おお
❹ 首里金城の大アカギ

推定樹齢200年以上のアカギの大木は、昭
和47（1972）年に国の天然記念物に指定さ
れた。

⌂那覇市首里金城町　☎098-917-3501
（那覇市市民文化部文化財課）　⊙見学
自由　⊗ゆいレール首里駅から徒歩約
20分
首里 ▶MAP 別P23 E-1

戦火を免れた大木
沖縄戦を乗り越えた5
本の老木が残っている

AM 11:40
しゅりきんじょうちょうちょういしだたみみち
❺ 首里金城町石畳道

琉球王国時代に、首里城から南部エリア
に続く「真珠（まだま）道」として造られた
琉球石灰岩を敷き詰めた石畳の道。沖縄
戦でそのほとんどが破損し、現在は約300
mの区間のみが当時の面影を残している。

⌂那覇市首里金城町　☎098-917-
3501（那覇市市民文化部文化財課）
⊙見学自由　⊗ゆいレール首里駅か
ら徒歩約20分
首里 ▶MAP 別P23 D-1

徒歩
約2分

徒歩
約1分

人々の喉を潤した
共同井戸
正面には井戸の神様が
祀られている

AM 11:50
かなぐすくうふひーじゃー
❻ 金城大樋川

石畳道を往来する人々や馬
の給水所、生活用水として利
用されていた、金城村の村
ガー（共同井戸）。

⌂那覇市首里金城町
☎098-917-3501（那覇市
市民文化部文化財課）
⊙見学自由　⊗ゆいレー
ル首里駅から徒歩約20分
首里 ▶MAP 別P23 D-1

BUS **GOAL**
石畳前バス停

徒歩
約3分

木陰なので
ちょっぴり涼しい

旧暦6月15日には、大アカギに神様が降りてきて、願い事を叶えてくれるという言い伝えもあるそう

一度はやってみたい！

沖縄っぽ体験スポットへ♪

地元らしい体験をしてみたい！　琉球王国の民族衣装にぶくぶく茶、島唄ライブなど、沖縄でしかできない体験スポットにフィーチャー。

琉球衣装

琉球コスで思い出写真
15分で "美らさん" になれる!?

- 所要：10〜15分
- 1100円〜

琉球衣装で記念撮影

世界遺産で琉球体験
首里城公園
しゅりじょうこうえん

琉球王国時代の執政の中心だった首里城。守礼門の前に琉球衣装を着て撮影ができる出張写真館がある。
>>>102

 WHAT IS

琉球民族衣装

「琉装」と呼ばれ、琉球王国時代に王族などの身分の高い人々が着ていた着物に似たもの。赤、黄色、青などの色鮮やかな紅型模様をあしらった衣装は王族の女性の礼服だった。帯を締めずに腰ひも一本で着付けするのが特徴。

Let's変身写真

START

守礼門前にいるスタッフに声をかけよう。混んでいなければその場で撮影開始！

色とりどりの衣装から好きな柄を選べる。衣装は服の上から羽織るだけなので簡単に着替えられる

色柄豊富！

完成〜

準備ができたらいざ撮影。手持ちのカメラでの撮影とプロのカメラマンに撮影してもらえるコースがある

ココでやってみた！
なかお写真
なかおしゃしん

那覇市内にある写真館が首里城公園に出張。撮った写真をプリントし、後日発送が可能。

☎090-3072-6302　㊡㊡首里城公園の営業時間に準ずる（天候による臨時休業あり）
首里 ▶MAP 別P.23 E-1

TOURISM

街歩き

アクティビティ

ビーチ

絶景

歴史

カルチャー体験

ドライブ

国際通りのライブハウス

ライブ＆沖縄料理 島唄
ライブアンドおきなわりょうり しまうた

1990年に発足し、現在5代目のネーネーズを中心に毎日3回ライブを開催。オリオンビールや泡盛を手に沖縄民謡に浸れる。

🏠那覇市牧志1-2-31ハイサイおきなわビル3F ☎098-863-6040 ⏰18:00〜22:00（1stステージ19:00〜、2ndステージ20:10〜、3rdステージ21:20〜）🈳水曜 💰ライブチャージ2310円 🚃ゆいレール美栄橋駅から徒歩約9分 🅿️Pあり

　那覇　▶MAP 別P20 C-2

⏱所要：40分
💴通常ライブ 2310円

沖縄民謡にひたってうちな〜気分♪

島唄ライブ

三線などの伝統楽器の音色が心地よい。ステージは1日3回

\ 見に来てね♪ /

ライブを観ながら沖縄料理を楽しめる。いい席を確保するなら早めの入店がおすすめ

体験1 ▶スーパーエイサーショー

沖縄の魅力をエンタメで体感！

テーマパーク

⏱所要：3〜5時間
💴2000円

1日3回開催される迫力満点の演舞

全長5kmの鍾乳洞は国内最大級

琉球ハブボール253円

沖縄ならではの体験多数！

おきなわワールド

沖縄の魅力が詰め込まれたテーマパーク。エリアごとにできる体験が異なるので、HPのモデルコースを参考にするとポイントをおさえて遊び尽くせる！

🏠南城市玉城前川1336 ☎098-949-7421 ⏰9:00〜16:00 🈳無休 💴入園券2000円 🚗南風原南ICから約6km 🅿️Pあり

　南部　▶MAP 別P5 D-2

体験2

ブクブクー茶

大きな茶せんでブクブクと泡立てた、お祝いの席で飲まれる沖縄独特の伝統茶

体験3

伝統工芸

紅型染めのコースターやバッグ、機織のしおり作りなどの体験ができる

体験4

ハブとマングースのショー

上手にできた！

ハブやコブラなどの毒ヘビが登場し、驚きと笑いが満載。毎日3回開催される

体験5

琉球王国城下町

沖縄の伝統的な街並みが再現されたエリア。文化財に登録された築100年以上の古民家も

見る！遊ぶ！食べる！
沖縄的テーマパークへGO！

誰と行っても楽しめる＆一日中遊べるのが、テーマパークの最大の魅力！
アトラクションを楽しんだり、名物グルメを味わったり、手作り体験をしたり…。
沖縄らしいテーマパークで思いっきり遊ぼう！

広大な敷地の動物園
ネオパークオキナワ

沖縄の気候と風土を生かした動物園。東京ドーム約5個分の広大な敷地で、のびのびとした動物たちを見学することができる。

🏠 名護市名護4607-41 ☎0980-52-6348
9:30 ～ 17:00 ㊡無休 ㊅1300円 ㊥世富慶
ICから約5km 🚗Pあり
沖縄美ら海水族館周辺 ▶MAP 別P13 E-3

100種類もの動物に出合える！

目の前で鳥たちが大空を舞うバードショーは迫力満点！

飛ぶ姿の迫力に圧倒される

小さな動物とのふれあい

施設
トートの湖
アマゾンのジャングル
水中トンネル
ふれあい広場
アフリカのサバンナ
種保存研究センター他

program
●パーク見学
●バードパフォーマンスショー 他
🕐 所要：約1時間～
💴 1300円

琉球芸能が見どころ
琉球村
りゅうきゅうむら

築100年以上の古民家を移築し、琉球村落を再現。伝統芸能の見学や体験を楽しめる。

🏠 恩納村山田1130 ☎098-965-1234 ㊙9:30
～16:00 ㊡無休 ㊅2000円 ㊥石川ICから
約7km 🚗Pあり　　　>>>P.139
西海岸リゾート ▶MAP 別P10 A-3

サンゴフォトフレーム作りは2000円～

シーサー絵付け体験は1800円

施設
移築古民家
体験工房
衣装レンタル
レストラン、ショップ 他

program
●エイサーショー
●シーサー色付け教室 他
🕐 所要：約1.5時間
💴 2000円～

琉球芸能をまるっと体感！

エイサーが目玉

TOURISM

街歩き

アクティビティ

ビーチ

絶景

歴史

カルチャー体験

ドライブ

▶ MAP 別P13 E-3

▶ MAP 別P13 D-2

❀ WHAT IS

耳に残るCMソングに注目！

沖縄音楽配信サイトで3週連続1位を獲得したことがあるのが、なんと「ナゴパイナップルパーク」のテーマソング。「パッパパイナップル」のフレーズが頭から離れない、かも？

園内でも同じ曲が流れる

ここはパイナップルの楽園

ナゴパイナップルパーク

パイン一色のテーマパーク。パイナップル畑が広がる園内をパイナップル号で回ろう。

🏠名護市為又1195 ☎0980-53-3659 🕐10:00～18:00 🈚無休 💴1200円 🚗許田ICから約13km 🅿️Pあり

沖縄美ら海水族館周辺

パイナップルがテーマの観光スポット

パイナップルグルメを堪能

パイナップル号

施設
植物園（パイン畑、亜熱帯植物）フォトスポットエリア 新ショップ、焼きたてエリア 他

program
●パイナップル号 ●試飲・試食 他

🕐所要：約1時間
💴1200円

大きなパイナップルが目印

亜熱帯の森に恐竜出現

DINO恐竜PARK やんばる亜熱帯の森

ディノきょうりゅうパーク やんばるあねったいのもり

ヒカゲヘゴの原生林で、恐竜時代にタイムスリップしたような体験ができる。

🏠名護市中山1024-1 ☎0980-54-8515 🕐9:00～17:30 🈚無休 💴1000円 🚗許田ICから約13km 🅿️Pあり

沖縄美ら海水族館周辺

80体以上の恐竜がお出迎え

program
●パーク見学

🕐所要：約40分
💴1000円

恐竜の鳴き声が聞こえる

施設
DINO恐竜PARK 恐竜ショップ

木々の中には恐竜の卵が隠れている

パーク内には珍しい植物も生息している

コバルトブルーの絶景が広がる！
シーサイドロードをドライブ

古宇利大橋
こうりおおはし

沖縄で2番目に長い全長1960mの離島架橋。屋我地島から古宇利島にまっすぐにのびる橋からの眺めは格別。両側に見渡す限り海が広がる。

🏠 今帰仁村古宇利
☎ なし
⊘ 許田ICから約22km

沖縄美ら海水族館周辺 ▶ MAP 別P13 E-2

古宇利島は別名「恋島」と呼ばれ、ハートロックなどの名所も多い

古宇利大橋

ニライ橋・カナイ橋
ニライばし・カナイばし

全長約660mの大きなカーブが特徴の絶景橋。県道86号線から国道331号に架かり、県道86号線側（橋の上部）から向かうと、視界が開けて空の中を走っているような気分になる。

🏠 南城市知念吉富
☎ 098-948-4611（南城市観光協会）
⊘ 南風原北ICから約17km

南部 ▶ MAP 別P5 E-3

ニライカナイは、沖縄の方言で「海の彼方の理想郷」という意味

南部イチのパノラマロード

ニライ橋・カナイ橋

絶景を楽しめるドライブロードが多い沖縄。
なかでもとっておきの2大シーサイドロードを紹介。
真っ青な海を眺めながらのドライブは気分爽快！

話題のハート岩も
お見逃しなく！

古宇利大橋の楽しみ方

①歩道から記念撮影を！
海上の橋には、車を下りて景色を楽しめる歩道がある。ドライブの途中で、海を背景に記念写真をパチリ。

道路上は駐車禁止なので、橋のたもとのロードパークを利用しよう

②高台から橋を眺める
古宇利島の高台にあるカフェなどで橋を眺めながら休憩するのがおすすめ。

人気のパーラー
「KOURI SHRIMP」ではランチやドリンクを販売
(>>>P.143)

両サイドに海
気がつけば恋の島に到着

ず〜っと
走っていたい！

大きなカーブを描き
楽園に続く道

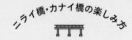

ニライ橋・カナイ橋の楽しみ方

①景観がよい方面からアクセスを
橋の始点と終点では高低差が約80mもあるので、県道86号線から下っていくほうが海がきれいに見える。

②南部屈指の絶景スポット
晴れた日には左の写真のような景色が楽しめる。展望台は車両進入禁止のため、ドライブ中に目に焼き付けよう。

天気がよい日には、遠くに久高島も望むことができる

TOURISM

街歩き

アクティビティ

ビーチ

絶景

歴史

カルチャー体験

ドライブ

どちらの橋も歩道が整備されているので、じっくり景色を楽しみたい人は駐車場に車を停めて歩いてみるのもおすすめ

沖縄観光のメインエリア

那覇・首里
Naha & Shuri

空港があり、沖縄を旅する誰もが立ち寄るエリア。世界遺産の首里城や沖縄随一にぎやかな国際通り、やちむんの販売店が集まる壺屋やちむん通りなど、見どころがいっぱい！ 国際通りの裏通りにはおしゃれなカフェも。

食・買・観バッチリ

昼:◎ 夜:◎

夜10時頃までショッピングが楽しめる。カフェや居酒屋なども多数。

空港からのアクセス

那覇空港	
ゆいレール 🚃 16分(300円)	20分
牧志駅	
🚶 1分	
国際通り	
🚶 1分	
牧志駅	
ゆいレール 🚃 11分(270円)	15分
首里駅	
🚶 15分	
首里城公園	

1.6km続くメインストリート。お店の看板もおもしろい

ヤシの木が沖縄らしいな〜

シーサーも出迎える那覇の観光名所

こくさいどおり

📷 Naha&Shuri 01

シーサー

国際通りを端から端までぶらぶら歩いてみる

国際通りは、いつも観光客や地元客でにぎわう沖縄のメインストリート。通り沿いにみやげ物店や飲食店が軒を連ね、ウインドーショッピングだけでも十分楽しめる。

ホテルJALシティ那覇の向かいにある話題のパインスイーツ店。newQ>>>P.91

混雑を避けるなら平日がベスト。日曜日の12時〜18時は歩行者天国に

自分だけのおみやげを手作り
てんぶす那覇体験施設
てんぶすなはたいけんしせつ

琉球びんがた、首里織、琉球ガラス、壺屋焼、琉球漆器(堆錦)の5つの体験工房が集まる。

☎098-868-7866 ⊗10:00〜17:00 ㉂月曜 ㉄びんがた体験1540円〜など

📷 Naha&Shuri 02

沖縄の伝統にふれる体験型カルチャー施設へ

国際通りのど真ん中にあるビル内で、沖縄の文化を体感できる複合施設として人気なのがここ。体験教室に参加したり伝統芸能を鑑賞できるほか、おみやげも買える。

沖縄の伝統芸能を体感！
てんぶす那覇
てんぶすなは

那覇の中心からさまざまなイベント情報を発信する施設。芸能公演やエイサーや三線、空手・古武術体験などを体感できる。

⌂ 那覇市牧志3-2-10 ☎098-868-7810 ⊗9:00〜22:00 ㉂第2・4月曜 ㉄ゆいレール牧志駅から徒歩約5分 Ⓟあり(有料)

那覇 ▶MAP 別P21 D-2

「吹きガラス」を体験！
奥原硝子製造所
おくはらがらすせいぞうじょ

てんぶす那覇体験施設内にあり、沖縄で最古と言われる琉球ガラスの工房。わずか10分でグラスまたは一輪挿し作りの工程を体験できる。

☎098-868-7866(てんぶす那覇) ※HP(https://kogeikan.jp/)にて体験受付 ⊗9:00〜17:00(体験は10:00〜17:00) ㉂月曜 ㉄琉球ガラス体験3850円

販売場で作品も購入できる

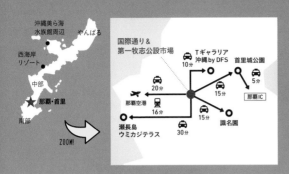

MUST SPOT

国際通り
グルメもショッピングもなんでもそろう通り。>>>P.90

お店のハシゴが楽しい
国際通り屋台村
こくさいどおりやたいむら

居酒屋やバル、スイーツなどバラエティ豊かな飲食店がそろう。国際通りのほぼ中央、牧志に位置し、沖縄の魅力を伝えている。

🏠那覇市牧志3-11-16、17 ☎なし ⏰11:00〜（閉店時間は店舗により異なる）休無休 🚃ゆいレール牧志駅から徒歩約4分 🅿Pなし

那覇 ▶MAP 別P21 D-2

🍴Naha&Shuri 03

屋台村で美味な
うちなーグルメに舌鼓

国際通りから一本入った竜宮通りに、沖縄料理店などが集まるグルメ施設があり！ 昼から夜遅くまで開いているので、ランチや夜の居酒屋利用もできる。

21軒のユニークな屋台が並ぶ国際通り屋台村

沖縄料理とお酒を気軽に
琉球ネオ酒場ららら
りゅうきゅうネオさかばららら

ネオンが光る居酒屋。豊富な沖縄料理やお酒を味わおう。

☎080-1760-5993
⏰12:00〜23:30 休不定休

看板メニューのてびち唐揚げ450円

魚料理がおすすめ
しまぁとあて

沖縄料理と泡盛を味わえる居酒屋。泡盛のカクテルもあり、100種以上。

☎なし
⏰11:00〜翌1:00 休無休

つけもずく（南蛮タレ付き）550円

📷Naha&Shuri 04

沖縄美ら海水族館を
体験する♪

那覇市国際通りにある沖縄美ら海水族館公式アンテナショップ。水族館のオリジナルグッズに囲まれて、水族館気分を満喫しよう。

沖縄美ら海水族館アンテナショップ
うみちゅらら 国際通り店
うみちゅらら こくさいどおりてん

水族館オリジナルグッズ販売や海洋博公園の情報発信。

🏠那覇市久茂地3-2-22 JAドリーム館2F
☎098-917-1500 ⏰10:00〜20:30 休無休
🚃ゆいレール県庁前駅から徒歩約3分 🅿Pなし

那覇 ▶MAP 別P20 A-3

海の生き物たちの癒やしグッズがそろう

沖縄県産タンカンティー
600円と首プリン430円

浮島通りでおしゃれな
カフェ&雑貨店めぐり

国際通りから少し外れると、雰囲気が一転。センスのよいカフェや雑貨店がひしめく、おしゃれな通りが現れる。最近ますます人気の浮島通りへ出かけよう。

おすすめの
本をぜひ

本を片手にゆるやかな時間を
cafe プラヌラ
カフェ プラヌラ

浮島通りにある、内装がかわいいブックカフェ。上質な茶葉を軟水で抽出する、こだわりの紅茶が20種類以上そろう。自家製ロールケーキもおすすめ。

🏠那覇市壺屋1-7-20 ☎098-943-4343 🕐13:00〜18:00 🈂火・水曜 🚃ゆいレール牧志駅から徒歩約12分 🅿Pなし

那覇 ▶MAP 別P21 D-3

手作りヴィーガン料理
さぼらみ

ヴィーガンメニューを提供するカフェ。メニューはすべて店主の手作り。定食のほかスイーツや挽きたてコーヒーも自慢。

🏠那覇市松尾2-11-23 ☎090-7451-8327 🕐12:00〜19:00 🈂木・日曜(月2回) 🚃ゆいレール牧志駅から徒歩約10分 🅿Pなし

那覇 ▶MAP 別P21 D-3

鮮やかなグリーンの外観が目印

島豆腐チョコタルト(コーヒーとセット)800円

レトロな雑貨
がたくさん!

守礼門復元記念
の琉球切手

店内は楽しい宝の山
じーさーかす

オーナーが選んだ、日本のレトロ雑貨、ヨーロッパのシールやピンバッジが所狭しと並ぶ。沖縄にちなんだオリオンビールグッズや琉球切手も。

🏠那覇市牧志3-4-6 ☎098-943-1154 🕐11:00〜19:00 🈂不定休 🚃ゆいレール美栄橋駅から徒歩約10分 🅿Pなし

那覇 ▶MAP 別P21 D-3

レトロ民家で
待ってます

沖縄の雑貨なども豊富

📷🍴🛍 Naha&Shuri 06

芸術の街の薫りが漂う
桜坂通りへ

桜坂通りの象徴・桜坂劇場の歴史は、もとは芝居小屋だった「珊瑚座」から始まった。現在は映画館として運営。昔も今も芸能ファンを魅了するエリアに行こう。

沖縄のカルチャースポット
桜坂劇場
さくらざかげきじょう

映画やライブ、カフェ、雑貨店など沖縄カルチャーの発信基地。体験型ワークショップも充実している。
🏠那覇市牧志3-6-10 ☎098-860-9555 🕘9:30〜最終上映終了後(上映時間により変動あり) 🈺無休 🚃ゆいレール牧志駅から徒歩約5分 🚗Pなし
[那覇] ▶MAP 別P21 D-3

映画のあとのティータイムも充実
さんご座キッチン
さんござキッチン

桜坂劇場内にあるセルフスタイルのオープンカフェ。ウッドデッキでのんびりとおいしい料理を楽しめる。
🏠那覇市牧志3-6-10 ☎098-860-9555 🕘10:30〜21:00 🈺無休 🚃ゆいレール牧志駅から徒歩約5分 🚗Pなし
[那覇] ▶MAP 別P21 D-3

桜坂劇場内の店内席のほか屋外のテラス席も

映画の休憩に立ち寄って

金華豚の塩麹焼き1000円

店内のディスプレーもかわいい

とぼけた表情のアイテムに思わずにっこり
ロードワークス

琉球玩具専門店。見ているだけで心が温かくなる、愛らしい表情のキャラクターが勢ぞろい。
🏠那覇市牧志3-6-2 ☎098-988-1439 🕘10:00〜17:00 🈺水・日曜 🚃ゆいレール牧志駅から徒歩約10分 🚗Pなし
[那覇] ▶MAP 別P21 D-3

各1980円

山羊の張り子

1980円

沖縄おもしろカルタ

🛒 Naha&Shuri 07

那覇のセレクトショップで沖縄の"いいモノ"を買う

県内唯一の百貨店「デパートリウボウ」はファッション、雑貨、グルメまで充実したラインアップ。その中にある「樂園百貨店」で沖縄旅行のベストバイ雑貨を見つけよう！

話題のアイテムが並ぶ！

樂園百貨店
らくえんひゃっかてん

オリジナルアイテムやストーリーのある沖縄各地のみやげ、ライフスタイルアイテムがそろう雑貨店。

🏠 那覇市久茂地1-1-1 デパートリウボウ2F ☎098-867-1171（代表）⏰10:00 〜 20:30 🈳無休 🚈ゆいレール県庁前駅から徒歩約1分 🚗Pあり

[那覇] ▶MAP 別P20 A-3

1998円

美ら花紅茶 月桃ブレンドティー（リーフ）

1650円

ナチュラルマルチバームシークヮーサーブレンド

3300円

やちむん4.5寸マカイ（ゴーヤー）🎵

やちむんや食器などクラフト雑貨も

🛒 Naha&Shuri 08

手になじむ器を求めて壺屋やちむん通りへ

那覇でやちむんを探すなら、沖縄県内の工房の作品が集まる「壺屋やちむん通り」がおすすめ！ 500mほどの通りの両脇に、40軒以上のショップが並んでいるので、お気に入りの器がきっと見つかる。

壺屋やちむん通りは歩いてめぐるのがおすすめ

5720円

角皿正方形

2970円

フリーカップ（小）

朝食で使いたい器を

guma guwa
グマー グワァー

壺屋焼の窯元「育陶園」の直営店。太陽を象徴する菊文の絵付けなど、伝統柄をアレンジした器が多い。育陶園も壺屋やちむん通りの近くにある。

🏠 那覇市壺屋1-16-21 ☎098-911-5361 ⏰10:00 〜 18:00 🈳無休 🚈ゆいレール牧志駅から徒歩約9分 🚗Pなし

[那覇] ▶MAP 別P21 E-3

3300円

飯マカイ

日常使いしやすい器

Kamany
カマニー

"時を味わう"をコンセプトに、伝統を取り入れながら生活になじむおしゃれな作品を取りそろえる壺屋焼窯元「育陶園」の直営店。やちむんだけでなく、ガラスなども販売。

🏠 那覇市壺屋1-22-33 ☎098-866-1635 ⏰10:00 〜 18:00 🈳無休 🚈ゆいレール牧志駅から徒歩約9分 🚗Pなし

[那覇] ▶MAP 別P21 E-3

通り沿いに店が並ぶ様子

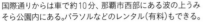

Naha&Shuri 09

那覇市内で唯一の
遊泳ビーチへGO♪

都会のイメージが強い那覇市内だけど、意外にもアクセス便利な泳げるビーチが！ シャワーなどの設備もあり、最終日のフライトの時間まで遊べるおすすめスポット。

地元の人も集まる人気のビーチ
波の上ビーチ
なみのうえビーチ

国際通りからは車で約10分、那覇市西部にある波の上うみそら公園内にある。パラソルなどのレンタル（有料）もできる。

🏠 那覇市若狭1-25　☎098-863-7300　🕐9:00〜18:00（時期により異なる）　🈵期間中無休（遊泳期間4〜10月）
🚗那覇ICから約9km　🅿 あり（有料）
`那覇` ▶ MAP 別P18 C-1

トイレやシャワー、売店などもある

📷🍴🛍 Naha&Shuri 10

フライト前は
ウミカジテラスで遊ぶ

ウミカジテラスまでは、那覇空港から車で15分ほどと好アクセス。空港に向かう前にちょっぴり寄り道して、旅の最後の買い物やグルメを満喫しよう。

那覇空港近くのアイランドリゾート
瀬長島ウミカジテラス
せながじまウミカジテラス

Umikaji Terrace

瀬長島の西海岸沿いに広がるリゾート型商業エリア。45軒以上のレストランやショップが大集結する。

🏠 豊見城市瀬長　☎098-851-7446（瀬長島ツーリズム協会）　🕐10:00〜21:00（店舗により異なる）
🈵無休　🚗那覇空港から約6km
🅿 あり
`那覇` ▶ MAP 別P18 A-3

南欧リゾートのような白亜の建物

お花がキュートなドリンク
Gallirallus
ガルリラルルス

ドロップソーダ（バナナ）880円

香港スイーツ“九龍球”（ドロップ）にフルーツやエディブルフラワーを入れた、華やかなドリンク。ビー玉のようなゼリーがかわいい。炭酸抜きにすることもできる。

☎098-987-0908　🕐11:00〜21:00　🈵無休

まぐろアボカドわさマヨ600円

食べに来てくださいね〜！

ソウルフード×フレンチ
Po egg okinawa
ポー エッグ オキナワ

ポークたまごおにぎりの専門店。県産の野菜や直送の鮮魚など地産地消にこだわる。フレンチの要素を加えたおにぎりを提供。

☎098-851-8507　🕐11:00〜21:00　🈵無休

🐾波の上ビーチのすぐそばには、海に面した崖の上に立つ「波上宮」という神社がある

125

素朴な沖縄の風情が漂う

南部
なんぶ

Nanbu

ローカル色が濃く、のんびりとした雰囲気の南部エリアは、海を眺めながらゆったりくつろげる隠れ家カフェの宝庫。第2次世界大戦の悲しい記憶を宿すスポットも点在し、平和の尊さを改めて実感させられる。

史跡＆海カフェ多数

昼：◎ 夜：△

沖縄戦に関する資料館
など見どころをめぐり、
海沿いのカフェでひと息。

空港からのアクセス

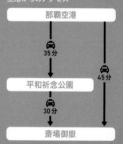

那覇空港
↓ 35分
平和祈念公園 ← 45分
↓ 30分
斎場御嶽

📷 Nanbu 01

広い公園内には資料館
のほか芝生の広場も

沖縄戦跡地で
静かに平和を祈る

1945年3月26日に米軍が慶良間諸島に上陸してから約3カ月間続いた沖縄戦。その最後の戦場となった南部では一般住民を含む多くの命が失われた。沖縄戦の激戦地で戦争の悲惨さ、平和の大切さに思いを馳せたい。

戦争のない世界を祈る

平和祈念公園
へいわきねんこうえん

沖縄戦終焉の地に整備された公園。園内には国立沖縄戦没者墓苑や平和の礎、祈念堂、資料館、慰霊塔が点在。

📍糸満市摩文仁444 ☎098-997-2765 ⏰8:00～22:00 休無休
見学自由 那覇空港から約17km Pあり

南部 ▶MAP 別P4 C-3

平和の火
座間味村阿嘉島の火と被爆地広島市の「平和の灯」、長崎市の「誓いの火」を合火し灯したもの。

摩文仁の丘
18万余柱の遺骨を納めた国立沖縄戦没者墓苑や各県の慰霊塔などが建立されている。

平和の礎
沖縄戦等の戦没者約24万人を敵味方、軍人、民間人、国籍の区別なく刻銘している。

沖縄平和祈念堂
1978年に開堂。堂内に平和のシンボルとして高さ12mの沖縄平和祈念像を安置。

**沖縄県
平和祈念資料館**
約2100点の戦争資料を展示。悲惨な沖縄戦の教訓を後世に継承し平和を願う。

WHAT IS

知っておきたい
2つのキーワード

沖縄戦
1945年、太平洋戦争の末期に米軍が沖縄に上陸。国内最大規模の地上戦を繰り広げ、戦没者は24万人余にもなる。

慰霊の日
沖縄県では6月23日を沖縄戦の犠牲となった戦没者を追悼する日と制定。毎年追悼式を行っている。

南風原北IC

斎場御嶽

南風原IC

南風原北IC

那覇空港

豊見城・
名嘉地IC

おきなわ
ワールド

30分

25分

15分

30分

ひめゆりの塔

10分

平和祈念
公園

30分

ZOOM!

沖縄美ら海
水族館周辺

やんばる

西海岸
リゾート

中部

那覇・首里

南部

MUST SPOT

ガンガラーの谷
鍾乳洞の天井が崩
落してできた神秘的
な谷。>>P.○○

沖縄戦の体験と平和の尊さを伝える

ひめゆりの塔・
ひめゆり平和祈念資料館
ひめゆりのとう・ひめゆりへいわきねんしりょうかん

ひめゆりの塔は、沖縄戦で亡くなったひめ
ゆりの生徒と教師のための慰霊碑、資料館
ではひめゆりの戦争体験を伝えている。

🏠 糸満市伊原671-1　☎098-997-2100
🕐9:00〜17:00　㊡無休　💰450円（ひめゆ
りの塔は見学自由）　⊗那覇空港から約14km
🚗Pあり

南部　▶MAP 別P4 B-3

平和祈念公園から
約10分

生存者の手記が読める　戦前の学校を模した資料館

多くの人が訪れ、平和を祈る場となっている

戦争当時のままに残る

旧海軍司令部壕
きゅうかいぐんしれいぶごう

戦時中に兵士約3000人の手により5カ月で
掘られた壕が整備され見学できる。慰霊の
塔で祈り、資料館で学べる戦跡施設。

🏠 豊見城市豊見城236　☎098-850-4055
🕐9:00〜16:30
㊡無休　💰600円　⊗那覇空港から約5km
🚗Pあり

南部　▶MAP 別P18 C-3

平和祈念公園から
約20分

多くの将校がここで最期を遂げた

丘の上には慰霊塔が立つ　出口には売店がある

🍽 Nanbu **02**

絶景の海ビューカフェで
のんびり過ごす

南部の海岸沿いは、オーシャンビューを自慢とするカフェの宝庫。人里離れた静かな環境で、気持ちのいい潮風に吹かれながら、ゆるやかなカフェタイムを満喫したい。

海に面したテラス席は早い者勝ち

水平線が目の前に広がる
アジアンハーブレストラン カフェくるくま

ハイビスカスティー 462円

太平洋のパノラマビューを望めるカウンター席は30席。タイ人シェフによる本格タイ料理や無農薬ハーブを使った創作料理がおすすめ。

🏠南城市知念1190 ☎098-949-1189 🕐10:00〜16:00（土・日曜、祝日は10:00〜17:00）🈺水曜（水曜が祝日の場合は営業）🚗南風原南ICから約15km 🅿あり

南部 ▶MAP 別P5 F-1

マンゴーの森572円はマンゴーを凍らせたデザート

広い敷地内は自然に囲まれている

さとうきび酢とブルーベリーのドリンク770円

リニューアルしたテラス席はペットも入れる

窓一面のブルーの世界
Cafe やぶさち
カフェ やぶさち

海を見下ろす高台に立ち、店内の大きな窓には海と空の風景が広がる。地元の野菜をたっぷり使った料理やスイーツが自慢。オープンエアのテラス席もある。

🏠南城市玉城百名646-1 ☎098-949-1410 🕐11:00〜日没 🈺水曜（祝日の場合営業）🚗南風原南ICから約12km 🅿あり

南部 ▶MAP 別P5 E-2

手作り料理を食べに来てー

海を見晴らす絶景カフェ
café Lodge
カフェ ロッジ

木漏れ日が降り注ぐテラスが印象的なログハウス風のカフェ。遠く海を眺めながら自家製スイーツやランチを楽しめる。

🏠南城市玉城垣花8-1 ☎098-948-1800 🕐11:30〜16:00 🈺月・火・金曜 🚗南風原南ICから約11km 🅿あり

南部 ▶MAP 別P5 E-2

軟骨ソーキのトマトソース煮込み1700円

※未就学児（0〜7歳）は入店不可

海の中で乗馬をする人も

◎ Nanbu 03

穴場な憩いスポット
自然のままの天然ビーチへ

沖縄のビーチには管理されたパブリックビーチと人工的なものが少ない天然ビーチがある。自然が多く開放的なのが魅力だが、海に入る際はけがや事故には十分注意して楽しもう。

上:人気のビーチカフェ、食堂かりか（>>>P.35）がある
下:路地から眺める海も絶景

人の少ない穴場ビーチ
百名ビーチ
ひゃくなビーチ

白い砂浜が続く美しい遠浅のビーチ。琉球創世神、アマミキヨの伝説が伝わる浜で、静かな環境が魅力。トイレやシャワーは用意されていない。

🚶南城市玉城百名 ☎098-948-4611（南城市観光協会）　⊗遊泳自由（監視員なし）
⊗南風原南ICから約12km　🚗Pなし
南部 ▶MAP 別P5 E-2

アクティビティも楽しめる
新原ビーチ
みーばるビーチ

民家が集まる路地を抜けると現れる隠れ家的なビーチ。大岩や透明度の高い海水など、自然の美しさが際立つが、シャワーやトイレがありマリンアクティビティもできるなど設備も充実している。

>>>P.97

◎🍴 Nanbu 04

"海人"の島で名物の
てんぷらを食す
うみんちゅ

「海人の島」として知られる奥武島は、漁師町らしい素朴で活気ある風情と、新鮮魚介を用いたグルメが魅力。大人気の沖縄風天ぷらをぜひ。

トビイカを干す風景が奥武島の夏の風物詩

近年大注目の"海人の島"
奥武島
おうじま

沖縄本島とは長さ約93mの橋でつながる周囲約1.6kmほどの小さな町で、漁業が盛んな町で、新鮮な魚介グルメを求めて、多くの観光客が訪れる。

🚶南城市玉城奥武 ☎098-948-4611（南城市観光協会）　⊗南風原南ICから約16km　🚗Pあり
南部 ▶MAP 別P5 E-2

隆起サンゴ礁の島です

島中央の高台に民家が集まる

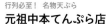

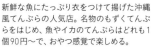

行列必至！ 名物天ぷら
元祖中本てんぷら店
がんそなかもとてんぷらてん

新鮮な魚にたっぷり衣をつけて揚げた沖縄風てんぷらの人気店。名物のもずくてんぷらをはじめ、魚やイカのてんぷらはどれも1個90円〜で、おやつ感覚で楽しめる。

🚶南城市玉城奥武9 ☎098-948-3583
⊗10:30〜18:00
🔸木曜　⊗南風原南ICから約16km　🚗Pあり
南部 ▶MAP 別P5 E-2

お好みでソースやしょうゆをかけて

中部
ちゅうぶ

Chubu

浦添市・宜野湾市・北谷町・嘉手納町など、アメリカ文化が色濃く残る中部エリア。人気の港川外国人住宅には、スタイリッシュな住宅を利用したカフェや雑貨店が多数。ドライブをするなら、海中道路はマストで！

昼：◎　夜：○
巨大ショッピングモールがあり便利。夜は北谷町周辺がにぎやか。

那覇空港

20分　30分　15分

港川外国人住宅　　豊見城・名嘉地IC

イオンモール
沖縄ライカム　　45分

海中道路

Chubu 01

港川外国人住宅で
おやつをいただきます

外国人住宅とは、かつて沖縄に駐在していたアメリカ軍関係者が住宅として使っていた建物のこと。現在はその建物を利用した、おしゃれなカフェが立ち並んでいる。

かわいいフルーツタルト専門店
[oHacorté] 港川本店
オハコルテ みなとがわほんてん

旬の果物をたっぷり使った、手作りのフルーツタルトが人気。タルトは直径7cmの1人分サイズ。常時7〜12種類そろっている。

🏠浦添市港川 2-17-1 #18
☎098-875-2129　🕐11:30〜18:00
㊡不定休　🚗西原ICから約6km
🅿Pあり
中部 ▶MAP 別P7 F-2

旬の果物がギュッ

季節のいろいろフルーツタルト748円

ハウパンケーキキャラメルバニラはラージ1460円

ハワイアンカフェで南国気分
COCOROAR CAFE
ココロア カフェ

ヤシの木に囲まれた大きなテラスと庭が印象的な居心地のいいカフェ。ボリューミーでふわっふわなパンケーキをはじめ、タコライスやロコモコも。

🏠浦添市港川 2-17-7 #15　☎098-988-8251
🕐11:00〜17:00　㊡水曜　🚗西原ICから約6km
🅿Pあり
中部 ▶MAP 別P7 F-2

素材にこだわりました！

MUST SPOT

海中道路
沖縄本島と平安座島を結ぶ。橋の左右に望む海が美しい。>>>P.135

🛒 Chubu **02**

港川外国人住宅のショップでお気に入りの品を探す

センスの光るセレクトショップやレトロアメリカンな古着店など、個性的なお店が集まる。外国人住宅は1カ所に集まっているので、ショップめぐりがしやすい。はしごしながらお気に入りを探そう。

県内の作家のオリジナルアイテムが並ぶ

ハイセンスな雑貨がそろう

PORTRIVER MARKET
ポートリバーマーケット

「衣・食・住」にこだわったライフセレクトショップ。沖縄陶芸やちむんなど、いいものをプロの目で選ぶ。

🏠 浦添市港川 2-15-8 #30　☎098-911-8931
🕐12:00 〜 18:00
㉁水・日曜　⊗西原 IC から約6km
🚗 P あり
中部　▶MAP 別 P7 F-2

くがにちんすこう 1512円

2750円〜

オリジナルブランド
ハロイナのピアス

「大人カジュアル」がテーマ

藤井衣料店
ふじいいりょうてん

長崎に本店を持つセレクトショップ。国内外のブランドのファッションアイテムはメンズ、レディース共に扱っている。どれも古着っぽいテイストでおしゃれ。

🏠 浦添市港川 2-15-7 #29　☎098-877-5740　🕐11:00
〜18:30　㉁無休　⊗西原 IC から約6km　🚗P あり
中部　▶MAP 別 P7 F-2

1万8480円

ボートネックド
ルマンシャツ

1万780円

トートバッグ

ファッションアイテムだけでなく雑貨もある

🍴🛍 Chubu 03

カラフルタウンな
アメリカンビレッジで遊ぶ

北谷町美浜にあるシーサイドリゾートタウン。商業施設が立ち並び、雰囲気はまさにアメリカン！ ショッピングもグルメも見どころ満載！

遊び心あふれるジェニックな壁画も！

一日遊べる注目スポット
美浜アメリカンビレッジ

アメリカ西海岸風の建物が並ぶショッピングタウン。巨大アメカジショップやレストランのほか映画館などの施設もあり、まるでテーマパークのよう。

🏠北谷町美浜　☎098-926-5678（北谷町観光協会）
🕙10:00〜22:00（店舗により異なる）
🅟無休　⊗沖縄南ICから約6km　🚗Pあり
中部 ▶MAP 別P22 B-2

シーサイドエリア「デポアイランド・ボードウォーク」では海に沈む夕日を一望することができる

ホットラテ 519円（税別）

インダストリアルなカフェ
VONGO & ANCHOR
ボンゴ アンド アンカー

北谷の海を見渡せる遊歩道に沿って店を構えるカフェ。アメリカ西海岸風のインテリアにこだわった居心地のいい空間。

🏠北谷町美浜9-21ベッセルホテルカンパーナ沖縄 別館1F　☎098-988-5757　🕙9:00〜21:30
🅟無休　⊗沖縄南ICから約5.5km
🚗Pあり
中部 ▶MAP 別P22 B-2

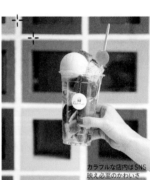

カラフルな店内はSNS映え必至のかわいさ

カラフルな北谷メロンパン
Re:MELO
リメロ

海沿いのおしゃれな街"北谷"にぴったりなメロンパン店。沖縄素材が持つパワフルな色合いが特徴で、素材にもこだわっている。

🏠北谷町美浜9-12アメリカンデポC棟1F　☎098-989-3282　🕙11:00〜21:00（なくなり次第終了）　🅟無休　⊗沖縄南ICから約5.5km　🚗Pあり
中部 ▶MAP 別P22 B-2

店内ではゆっくり食事もできる

ボリューム満点の牛肉コブサラダ風1298円

リゾート感たっぷりなカフェ
WaGyu-Café KAPUKA
ワギュウカフェ カプカ

国産牛を使用したこだわり料理が自慢の海カフェ。ドリンクやデザートも種類豊富。夕刻の絶景サンセットも最高！

🏠北谷町美浜51-1 マカイリゾート1F　☎098-923-5010　🕙9:00〜21:00　🅟無休　⊗沖縄南ICから約5km　🚗Pあり
中部 ▶MAP 別P22 B-2

🍴 Chubu **04**

自然に囲まれた
北中城のおしゃれカフェ

村のほとんどが丘陵地という自然豊かな北中城村。かつて米軍関係者とその家族が暮らしていた外国人住宅が多く残されており、おしゃれに改装したカフェや雑貨店も点在している。

アボカドのオープンサンドプレートは1200円

丘の上の隠れ家カフェ
欧風カレー喫茶
FRANKLYN
おうふうカレーきっさフランクリン

庭の緑の先に海が一望できるロケーション抜群のカフェ。野菜とフルーツで甘みを出した欧風カレーが絶品。

県産厚切りポークカツカレー1350円

🏠北中城村和仁屋406 #84ハウス　☎098-911-3524　🕚11:00～15:00(土・日曜、祝日は～17:00)　🈹無休　🚙北中城ICから約3km　🚗Pあり
中部　▶MAP 別P8 C-3

沖縄ベーカリーカフェ
PLOUGHMAN'S LUNCH BAKERY
プラウマンズ ランチ ベーカリー

丘の上にある一軒家カフェ。広々とした庭は見晴らしがよい。自家製パンはレーズン酵母を使用し、お昼前には売り切れることもある。

🏠北中城村安谷屋927-2 #1735　☎098-979-9097　🕘9:00～15:00　🈹日曜　🚙北中城ICから約2km　🚗Pあり
中部　▶MAP 別P8 B-3

🛒 Chubu **05**

ファニチャーストリートで
ヴィンテージ雑貨探し

通称「ファニチャーストリート」と呼ばれる国道58号沿いには、米軍払い下げ品のアンティーク家具やインテリア雑貨を扱う店が多数。店内の雰囲気も魅力的なアンティークショップへGO！

大型アンティークショップ
CHICAGO ANTIQUES
on ROUTE58
シカゴ アンティークス オン ルート 58

アメリカンな家具や雑貨など、常時1万点以上がそろう県内最大級のアンティークショップ。珍しい品に出合えるはず！

🏠宜野湾市真志喜1-1-1　☎098-898-8100　🕚11:00～18:00　🈹日曜　🚙西原ICから約5km　🚗Pあり
中部　▶MAP 別P8 A-3

店内には貴重なアンティーク品がたくさん

FIRE KING
SNOOPY RED
BARONマグ
38500円

キンバリーマグ
4400円

Wedg Wood
カップ＆ソーサー＆ケーキプレート　3点セット6600円

レトロで味のある雑貨店
PEARL.
パール

アメリカで買い付けたかわいいアンティークの家具や雑貨が豊富。ほとんどの商品が一点ものなので要チェック！

🏠宜野湾市大山4-2-6　☎098-890-7551　🕛12:00～18:00　🈹無休　🚙西原ICから約7km　🚗Pなし
中部　▶MAP 別P8 B-3

🏃TOWN

那覇・首里

南部

中部

西海岸リゾート

沖縄美ら海水族館周辺

やんばる

🏠北中城村のほかのおすすめスポットは、セレクトショップのten (>>>P.74)やステーキの人気店パブラウンジエメラルド(>>>P.62)

133

ゲートタウンでアメリカ×沖縄文化の
レトロな街並みを歩く

嘉手納基地、キャンプハンセンに近いコザと金武（きん）は、現在もアメリカ文化が色濃く
残るエリア。街並みも独特で、レトロな建物やアメリカンなスポットが多数！

ディープな
雰囲気

レトロな街並み

ⓀⓄⓏⒶ

🏛 コザ

米軍基地のゲートタウン
として60〜80年代に県内
随一の繁華街としてにぎ
わったコザ地区。当時の
面影を残すレトロな町。

🚩 この辺りがディープ

コザゲート通り
コザゲートどおり

米軍基地のゲートから国道330号までの通
りのこと。かつて米軍相手に商売をしてい
た老舗のバーや外国人経営のユニークな店が
並び、異国情緒に満ちた不思議な雰囲気。

🏠沖縄市上地 ☎098-989-5566（沖縄市観
光物産振興協会） ⓘ沖縄ICから約1km
🅿Pあり（有料）

中部 ▶ MAP 別P8 B-2

必食グルメは
こちら

タコス
コザの名物グルメといえばこれ。
元祖の店がコザにあることで有名

🏠有名店
チャーリー多幸寿 >>>P.49

カラフルな
街並み

NICE

ⓀⒾⓃ

🏛 金武

米軍キャンプがあり異国
情緒あふれる街。70年代
にゲートタウンとして最
もにぎわった。現在もア
メリカ文化が色濃く残る。

🚩 この辺りがディープ

金武新開地
きんしんかいち

かつて米軍の歓楽街として発展したエリア
で、英語の看板が多くカラフルにペイントさ
れた建物が立ち並ぶ。レトロアメリカンな雰
囲気の街のなかをぶらぶらと散歩しよう。

🏠金武町金武 ☎098-968-3236（金武町商
工観光課） ⓘ金武ICから約3km 🚗Pあり

中部 ▶ MAP 別P11 D-3

必食グルメは
こちら

タコライス
トルティーヤの代わりにご飯を
使った、タコライスの発祥地。

🏠有名店
キングタコス 金武本店 >>>P.48

金武湾にかかる
海中道路

♪📷🛒 Chubu 07

海中道路を渡って
のどかな島ドライブ！

中部エリアの東海岸にある絶景スポット、海中道路を
経て、平安座島や伊計島に足をのばそう。離島の観光
スポットをめぐるドライブへ♫

海の上を爽快に走る！

海中道路
かいちゅうどうろ

沖縄本島と平安座島までを結ぶ、全長約4.8km
の海上の道路。中間地点には展望台や海の駅が
あり、ドライブを楽しむのにぴったり！

🏠うるま市与那城屋平 ☎098-894-6512（沖縄
県土木建築部中部土木事務所維持管理班） 🕐通
行自由 🚗沖縄北ICから約13km（海中道路西口
まで） 🅿Pあり

中部 ▶MAP 別P9 E-2

ここにも
立ち寄り！

海中道路のオアシス

海の駅 あやはし館
うみのえき あやはしかん

海中道路の真ん中にある、交易船型のユ
ニークなロードパーク。特産品の販売所
やレストラン、海の文化資料館などがある。

🏠うるま市与那城屋平4 ☎098-978-
8830 🕐9:00～17:30 🅮無休 🚗沖縄
北ICから約13km
🅿Pあり

中部 ▶MAP 別P9 E-2

浜比嘉島

2人の神が生活した場所

シルミチュー

浜比嘉（はまひが）島にあるパワースポット。
琉球開闢（かいびゃく）の祖神、アマミキヨ
とシネリキヨが居を構え、生活したという。
子宝に恵まれるご利益があるとか。

🏠うるま市勝連比嘉 ☎098-978-7373（あ
まわりパーク内観光案内所） 🚗沖縄北IC
から約21km 🅿Pなし

中部 ▶MAP 別P9 E-3

シュノーケルの人気スポット伊計ビーチ

沖縄の原風景が残る静かな島

伊計島
いけいじま

伊計島

海中道路を通り、さらに伊計大橋を渡っ
た先にある島。サトウキビ畑が広がる
のどかな雰囲気が魅力で、透明度の高
い伊計ビーチなどが見どころ。

🏠うるま市与那城伊計 ☎098-978-
7373（あまわりパーク内観光案内所）
🚗沖縄北ICから約28km 🅿Pあり

中部 ▶MAP 別P9 F-1

海沿いにリゾホが立ち並ぶ

西海岸リゾート
にしかいがん

Nishikaigan Resort

絶景リゾート

昼:◯ 夜:◯

シービューが楽しめる昼間はもちろん、西海岸は夕日の名所が多い。

空港からのアクセス

那覇空港
↓ 15分
豊見城・名嘉地IC
↓ 35分
屋嘉IC
↓ 20分

1時間10分
↓
やちむんの里

万座毛

読谷村から恩納海岸、部瀬名岬周辺の西海岸には、海に面したラグジュアリーなリゾートホテルが点在。リゾートのスパやプールでのんびり過ごしたり、焼き物の里で買い物をするのがおすすめ。

🍴 Nishikaigan Resort **01**

リゾートホテルのカフェで贅沢ティータイム

味もサービスもワンランク上で、贅沢気分を味わえるのが、ホテル内の施設。ほとんどのリゾートのレストランやカフェは宿泊以外も利用できるので、気軽に訪れたい。

アフタヌーンティー
4300円(税・サービス料別)
ホテルメードのセイボリーやスイーツなどのセット。写真はイメージ

優雅な英国式ティータイムを
リビングルーム「マロード」

ラグジュアリーリゾートのザ・ブセナテラス内にあり、くつろいだ雰囲気の中ティータイムを楽しめるラウンジ。アフタヌーンティーがおすすめ。

🏠名護市喜瀬1808 ☎0980-51-1333（ザ・ブセナテラス）🕙10:00〜23:00（アフタヌーンティーは12:00〜18:00）🈳無休 🚗那覇空港から約70km、許田ICから約5km Ｐあり

西海岸リゾート ▶MAP 別P11 D-2

パラソルの下でくつろぐ
チップトップ

ルネッサンス リゾート オキナワ内にあり、カジュアルな料理がそろうプールサイドのカフェテリア。チーズバーガーやローストビーフバゲットサンド、マンゴーかき氷などが楽しめる。

ロイヤルパイナップルジュース1400円、フレッシュココナッツジュース1900円

🏠恩納村山田3425-2 ☎098-965-0707（ルネッサンス リゾート オキナワ）🕙11:00〜17:00 🈳冬期休業 🚗那覇空港から約49km、石川ICから約4km Ｐあり

西海岸リゾート ▶MAP 別P10 A-2

プールサイドにあり、水着での利用もOK

MUST SPOT

サンセットも見事！

万座毛
恩納村にある景勝地。断崖から見渡す空と海が絶景。→→→P.98

ベリーパンケーキ 950円
ふわふわのパンケーキに生クリームと2種類のベリーソースをオン

🍴 Nishikaigan Resort 02

南国気分でふわふわの
パンケーキをパクリッ！

全国的なブームになっているパンケーキは、もちろん沖縄でも人気。本場、ハワイにも負けないほどの美味なパンケーキを、朝食やおやつに味わおう！

沖縄在住外国人にも人気

PANCAKE HOUSE JAKKEPOES
パンケーキ ハウス ヤッケブース

アメリカの朝食では定番のパンケーキが自慢のカフェ。プラス200円でアイスクリームトッピングも可能。店内は在住アメリカ人でにぎわっている。

🏠読谷村都屋436 #44 ☎098-894-4185 🕘9:00〜15:30（土・日曜は8:00〜15:30） ⊗月・火・水曜 🚗沖縄北ICから約14km 🅿Pあり

西海岸リゾート ▶MAP 別P8 A-2

🍴 Nishikaigan Resort 03

ギャラリーカフェで
やちむん＆カフェタイム

やちむんの里ではやちむんのみでなくカフェも点在している。ギャラリーと一緒になっている場合もあるので、ひと息つきながら、沖縄の伝統を感じるカフェタイムを過ごすことができる。

松田共司氏のギャラリーを併設

Clay Coffee & Gallery
クレイ コーヒー アンド ギャラリー

陶芸家・松田共司氏のギャラリー兼カフェ。こだわりのコーヒーは全て自家焙煎で、本格的な料理にも定評がある。

🏠読谷村座喜味2648-7 ☎なし 🕘11:00〜17:30 ⊗木・日曜 🚗石川ICから約10km 🅿Pあり

西海岸リゾート ▶MAP 別P9 E-1

ビーフカレー、サラダ、ドリンク付き1700円

🐾読谷村はリゾホがひしめきあうエリア。星のや沖縄（>>>P.32）なども参入し、さらに宿泊先選びに迷っちゃうかも?! 137

陶芸家が集まるやちむんの里で
わくわくショッピング！

多くの工房が集まる読谷村の「やちむんの里」。ショップやギャラリーを併設した工房が多く、人気作家の作品も工房価格で手に入る。お気に入りの店を探しながらぶらぶら歩こう。

登り窯で焼く、やちむんの製作風景

伝統と独創性が融合した
読谷山焼 北窯売店
よみたんざんやき きたがまばいてん

與那原正守氏、宮城正享氏、松田米司氏、松田共司氏の４名の共同窯から窯出しされた作品の直売所。さまざまな作家の作品を選べるのが魅力。
>>>P.73

→ 1188円

松田米司氏の
湯のみ

南国モチーフがかわいい
陶芸工房 ふじ
とうげいこうぼう ふじ

読谷村を代表する陶芸家を祖父に持つ、藤岡香奈子氏の工房兼ショップ。海の生き物など沖縄柄の絵付けが特徴。

🏠読谷村座喜味2677-1　☎098-989-1375　🕘9:00～18:00　⊗不定休　⊗石川ICから約10km　🚗Pあり

西海岸リゾート ▶MAP 別P9 E-1

4800円

四寸マカイの重ね焼

ユニークな柄の器が人気
ギャラリー 山田工房
ギャラリー やまだこうぼう

山田真萬氏の個性的な作品が並ぶギャラリー。ダイナミックな模様の作品が印象的で、温かみがある名品がそろう。

🏠読谷村座喜味2653-1　☎098-894-8797　🕘10:00～17:00　⊗不定休　⊗石川IC から 約10km　🚗Pあり

西海岸リゾート ▶MAP 別P9 E-1

7000円～

7寸皿

🍽 ギャラリー周辺の喫茶もおすすめ！

写真はイメージです

やちむんで提供するチキンとナスのカレー
（ドリンク付）
1500円

4400円

8寸皿

陶工が手がけるカフェ
tou cafe and gallery
トウ カフェ アンド ギャラリー

やちむんの里「北窯」の陶工である松田米司氏が手がけるカフェ＆ギャラリー。自作の器でランチやスイーツを提供する。

🏠読谷村伊良皆578　☎098-953-0925　🕘11:00～17:00　⊗日・月曜　⊗沖縄南ICから約10.5km　🚗Pあり

西海岸リゾート ▶MAP 別P8 B-2

Nishikaigan Resort 05

手作り体験で
思い出もおみやげに！

フォトフレームやシーサー色付けなど、自分だけのおみやげを作れる施設がある！ 1～2時間程度でできるコースも。予約が必要かは事前にチェックしよう。

かわいい沖縄みやげを
手作りしよう

手作り体験がいっぱい！

琉球村
りゅうきゅうむら

赤瓦の古民家を移築したテーマパーク。紅型などの伝統工芸やシーサー作りなど、沖縄ならではの体験メニューが楽しめる。>>>P.116

CHALLENGE!

パーツ選び
サンゴや貝殻など好きなパーツを選ぼう。自分で拾った貝殻なども使える！

飾り付け
砂が貼られたフォトフレームに、選んだサンゴや貝殻で飾り付けしよう

サンゴや貝殻のほかにも青や水色の琉球ガラスをトッピングできる。オプションではガラスの魚のパーツもあるのでアクセントにぜひ

完成！

オリジナルのフォトフレームが完成！ 沖縄の旅の写真を入れて飾ろう♪

🖐 体験DATA
サンゴのフォトフレーム作り
体験のみなら入園不要で事前予約制。当日持ち帰り可能。
⏱ 所要：約50分
💴 2200円～
要予約(HPより)

琉球王朝にタイムスリップ！
体験王国むら咲むら
たいけんおうこく むらさきむら

赤瓦屋根の古民家や石垣など、園内に琉球王朝時代を再現した施設。やちむんや琉球ガラス、紅型などの伝統工芸体験ができる。

🏠読谷村高志保1020-1 ☎098-958-1111 🕘9:00～17:00 ㊡無休 💴600円 🚗石川ICから約14km 🅿Pあり

西海岸リゾート ▶MAP 別P8 A-1

🖐 体験DATA
琉球藍染体験
琉球王朝時代から伝わる琉球藍染を体験。
⏱ 所要：約60分
💴 1800円
予約不要

朱色の屋根が並び、まるで小さな村みたい

サンゴの楽園で貴重な体験
さんご畑～陸上のサンゴ礁～
さんごばたけ～りくじょうのサンゴしょう～

約10万株を超えるサンゴ礁を間近に観察できる。サンゴや海の生き物に触れるタッチプールも人気。

🏠読谷村高志保923-1 ☎098-982-9988 🕘13:00～17:30 ㊡水曜 💴900円 🚗石川ICから約15km 🅿Pあり

西海岸リゾート ▶MAP 別P8 A-1

🖐 体験DATA
サンゴの苗づくり体験
サンゴの枝をハサミで切り、岩に固定する作業。
⏱ 所要：約1時間
💴 4000円(入場料含む)
要予約(TELのみ)

🐾紅いもタルトで有名な御菓子御殿 恩納店(>>>P.82)では紅いもタルト作りの体験がある。ボックスに入れておみやげにできる

自然豊かな半島

沖縄美ら海水族館周辺
おきなわちゅらうみすいぞくかんしゅうへん

Okinawa Churaumisuizokukan Shuhen

沖縄が誇る世界トップクラスの水族館、沖縄美ら海水族館を中心としたエリア。水族館のある本部半島と名護市を含むエリアで、本部半島の海岸線の眺望や、橋でアクセスする小さな離島などが人気。

海あり山あり

昼：◎ 夜：△

観光は昼間がメイン。街なかには遅くまで営業する飲食店もある。

空港からのアクセス

那覇空港
🚗 15分
豊見城・名嘉地IC
🚗 1時間10分
許田IC

許田IC → 🚗 30分 → 古宇利大橋

許田IC → 🚗 45分 → 沖縄美ら海水族館

フクギは「福を呼ぶ木」と言われる

備瀬のフクギ並木
びせのフクギなみき

備瀬地区はフクギ林に囲まれた、沖縄の昔ながらの風景が残る集落。約1kmの並木道は、パワースポットとして知られている。

🏠本部町備瀬 ☎0980-48-2371（備瀬区事務所）🚗許田ICから約31km
🚗Pあり

沖縄美ら海水族館周辺 ▶MAP 別P12 C-1

フクギは、もとは防風林として植えられたもの

水牛車でのんびりと散策を（4名まで2000円）

並木道の向こうには海が見える

のんびり♪
うちなータイム♪

📷 Okinawa Churaumisuizokukan Shuhen **01**

フクギ並木の中を
水牛車に乗ってとことこお散歩

沖縄美ら海水族館から車で約3分の自然スポット。ゆったりと時間が流れる並木道を、水牛車に乗ってお散歩できる。木漏れ日の中でのんびり癒されよう。

水牛のふくちゃんが引く車に乗って散策

HAPPY

沖縄美ら海
水族館周辺
★

やんばる

西海岸
リゾート

中部

那覇・首里

南部

伊江島
30分

今帰仁城跡
10分

沖縄美ら海
水族館

15分

15分

瀬底大橋
45分

30分
古宇利大橋

15分
本部そば街道

許田IC

ZOOM!

MUST SPOT

沖縄美ら海水族館
世界最大級の水槽「黒潮の海」
がハイライト。>>>P.14

🍴📷 Okinawa Churaumisuizokukan Shuhen **02**

フクギ並木周辺を
120%楽しむ♪

フクギ並木内や周辺にはカフェやショップ、宿などが点在。
お散歩しながら、気になるお店にふらりと立ち寄ってみよう。

テラス席で海を眺めながら癒
しのひと時を

🏳 見晴らしカフェ

アサイーボウ
ル 1430円

オープンテラスが気持ちいい

ハワイアンパンケーキ
チャハヤブラン

アジアンテイストな雰囲気のカ
フェ。テラス席からは海が広がり
見晴らし抜群！

🏠本部町備瀬429-1
☎0980-51-7272 🕐12:00〜17:30
㊡水・木曜（7〜9月は水曜のみ）
🚗許田ICから約30km 🚗Pあり

沖縄美ら海水族館周辺
▶MAP 別P12 C-1

🏳 カラフル映えカフェ

ビタミンカラーに
気分も上がる♪

マーブル島スムージー
880円（左）と季節の島
フルーツスカッシュ 550
円（右）

南国スムージーがキュート♥

okinawasun
オキナワサン

南国感たっぷりのカラフ
ルなドリンク店。スムー
ジーやソーダには地元
農家の果物を使用。栄
養満点のスムージーで、
元気をチャージ！
>>>P.38

🏠 本部町備瀬224 ☎090-
9473-0909 🕐12:00〜16:00
㊡月・日曜、不定休 🚗許田IC
から約29km 🚗Pあり

沖縄美ら海水族館周辺
▶MAP 別P12 C-1

🏳 古民家ステイ

のんびりと素朴な琉球ステイ

古民家の宿 しらぱま
こみんかのやど しらぱま

1970年築の古民家だ
けでなく、古民家スタ
イルの新築屋も併設
された宿。離れにある
総掛（かしかき）は広い
庭も自慢。備瀬でのん
びりステイしよう。

備瀬集落内に佇む宿。部
屋は3タイプあり、好みの
部屋を選べる

🏠本部町備瀬624 ☎090-3790-
7968（予約専用電話） 🚗許田IC
から約30km 🚗Pあり

沖縄美ら海水族館周辺
▶MAP 別P12 C-1

料金 1泊2食付き1万2430円〜
IN 15:00 OUT 11:00

👟🐾古宇利島内のおすすめ絶景スポットは、古宇利島で最も高い場所にあるアマジャフバル展望台や、古宇利島オーシャンタワー！

古宇利大橋のたもとはビーチになっている

車でアクセス可能な
絶景の離島へトリップ

本部半島東側に浮かぶ小さな離島、古宇利島は車なら20分ほどで一周できる。屋我地島と古宇利島を結ぶ古宇利大橋>>>P118も、絶景ロードとして有名。

絶景ポイントを車でめぐろう

古宇利島
こうりじま

本部半島の北東に位置する周囲約8kmの小さな島。2005年に古宇利大橋が開通し、車で渡れる離島として人気を集めている。海を見下ろすカフェやホテルなどもある。

🏠 今帰仁村古宇利　☎なし　⏰許田ICから約22km　🅿Pあり

沖縄美ら海水族館周辺　▶MAP 別P13 E-1

🌺 WHAT IS

💗 島にまつわる恋の伝説

「恋の島」とも呼ばれる古宇利島。かつて神により降ろされた男女がここで生活し、やがて子どもが生まれ、沖縄に広がっていったという、沖縄版アダムとイブのような人類発祥伝説が伝わっている。

恋に効く
パワスポ！

エメラルドグリーンの海！

チグヌ浜
チグヌはま

古宇利大橋のたもとから約1kmにある、透明度の高いビーチ。近くには沖縄の人類発祥伝説に登場する「始まりの洞窟」がある。

💗 恋の島 POINT
始まりの洞窟
伝説の男女2人が住み着いたと言われる

🏠 今帰仁村古宇利
☎なし　🈯無料　⏰許田ICから約25km　🅿Pあり

沖縄美ら海水族館周辺
▶MAP 別P13 E-1

CMにも登場した有名スポット

ティーヌ浜
ティーヌはま

海に浮かぶ2つのハート形の岩がユニークで、恋愛祈願に多くのカップルが訪れるという。海の透明度もバツグン！

💗 恋の島 POINT
ハートロック
2つに連なるハートの岩で愛の誓いをするカップルも

🏠 今帰仁村古宇利　☎なし　🈯無料　⏰許田ICから約31km　🅿Pあり（有料）

沖縄美ら海水族館周辺
▶MAP 別P13 E-1

古宇利島のこだわりカフェで
アイランドめしをいただく

古宇利島にはハワイ名物や地元食材を使ったランチなど、
南国の島ならではのフードが充実！

\NICE/

かわいいパーラーでランチ
KOURI SHRIMP
コウリ シュリンプ

シークヮーサースカッ
シュ650円

🍴 アイランドめし
オリジナルガーリック
シュリンプ　1300円
ぷりぷりのエビにガツンと効い
たにんにくが最高！

ホワイトとパステルカラーがトレードマークの、ハワイ名
物ガーリックシュリンプを販売するパーラー。外席のほ
か、屋内イートインスペースも隣接。

🏠 今帰仁村古宇利 314　☎0980-56-1242　🕚11:00～
17:00(テイクアウトは～18:00)　㊡不定休　🚗許田ICから
約25km　🚙Pあり

〔沖縄美ら海水族館周辺〕▶MAP 別P13 F-1

〈KOURI SHRIMPのアイランドめしはここで食べよう！〉

古宇利の
海を一望！

広々した店内

2階のイートイン席で
建物2階には開放的なテラス
席もありおすすめ。キッズス
ペース完備なのもうれしい

屋上でも食べられる！
屋上に上がれば、古宇利の海
絶景が目の前に！ 青空の下で
ランチしよう

🍴 アイランドスイーツ
ぜんざいかき氷　750円
金時豆と3色団子、黒糖、コン
デンスミルクをトッピング

ふわふわ
かき氷

高台に立つカフェ
t&c とうらく
ティーアンドシー
とうらく

地元食材を使用した家庭的な創作ランチが人気のカ
フェ。テラス席からは古宇利大橋や伊江島を一望できる。
サンゴを使って焙煎するコーヒーもおすすめ。>>>P.9

🏠 今帰仁村古宇利 1881-10　☎0980-51-5445　🕙10:00
～17:30　㊡水曜、不定休　🚗許田ICから約26km　🚙Pあり

〔沖縄美ら海水族館周辺〕▶MAP 別P13 E-1

こだわりの
県産食材

創作ランチ1600円。
肉と魚の2種類から
選べる

店内では、陶器やアク
セサリーなどを販売

🐚沖縄で珍しいウニは、実は古宇利島の名産品。近年は供給量が安定せずに禁漁になることも多く、レア度の高い食材に

右側縦タブ：TOWN　那覇・首里　南部　中部　西海岸リゾート　沖縄美ら海水族館周辺　やんばる

海ビューor森ビュー？
本部の人気カフェで休憩タイム

本部半島には、東シナ海に面した海岸エリアと、半島中央部の自然豊かな森林エリアがあり、眺望自慢のカフェが多数。海と山、どちらも制覇してみたい！

古民家らしいお座敷席から青々とした海を望む

赤瓦古民家でのんびり
花人逢
かじんほう

小高い丘の上に立ち、東シナ海に浮かぶ島々を望むロケーション自慢のカフェ。赤瓦の屋根の建物には縁側もあり、ゆったりとくつろげる。

🏠本部町山里1153-2　☎0980-47-5537
🕐11:30〜18:30　㊡火・水曜　🚗許田ICから約24km　🅿Pあり

沖縄美ら海水族館周辺 ▶MAP 別P12 C-2

ピザ(中) 2700円
ふっくらモッチリとした
生地が特徴

本部産アセロラ
生ジュース 600円
本部町の特産品のアセロラを使用。ビタミンCが豊富

森の中のカフェで森林浴
Cafe ichara
カフェ イチャラ

深い森の中にひっそりと佇む穴場カフェ。デッキ(テラス席)では、亜熱帯の木々を眺めながらリフレッシュできる。

🏠本部町伊豆味2416-1　☎0980-47-6372　🕐11:50〜15:15　㊡火・水曜
🚗許田ICから約17km　🅿Pあり

沖縄美ら海水族館周辺 ▶MAP 別P13 D-2

海ぶどうサラダ
1320円
プチプチ食感が楽しい海ぶどうをふんだんに使用

コーヒー 660円
アイスとホットから
選べる

鬱蒼とした熱帯植物に囲まれ、まるでジャングル！

なんこつソーキそば（大）
900円
とろとろに煮込まれた
やわらかい軟骨とコシ
の強い麺が特徴

Okinawa Churaumisuizokukan Shuhen 06

沖縄そばの激戦区
本部そば街道ではしご！

本部町は沖縄そばの町としても知られ、県道84号線の「本部そば街道」には、70軒以上もの沖縄そばの店がある。老舗の定番ものから個性派まで、沖縄そばの食べ比べを！

定食メニューも豊富です！

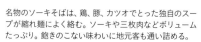

ソーキそば
800円
トッピングはソーキ、
三枚肉、かまぼこ

昔ながらの沖縄食堂
石くびり
いしくびり

名物のソーキそばは、鶏、豚、カツオでとった独自のスープが縮れ麺によく絡む。ソーキや三枚肉などボリュームたっぷり。飽きのこない味わいに地元客も通い詰める。

🏠本部町東464-1 ☎0980-47-4769 🕚11:00〜14:00（売り切れ次第閉店）❌月・火曜 🚗許田ICから約22km 🅿Pあり
沖縄美ら海水族館周辺 ▶MAP 別P12 C-2

お肉がやわらかくて甘い！
さわのや 本部店
さわのや もとぶてん

コシが強い手打ち麺は木炭を使用した伝統製法で、上澄みを使用して作られる。カツオ出汁が効いた昔ながらの沖縄そば。

🏠本部町渡久地15-7 ☎0980-47-3029 🕚11:00〜15:30 ❌木曜 🚗許田ICから約23km 🅿Pあり
沖縄美ら海水族館周辺 ▶MAP 別P12 C-2

Okinawa Churaumisuizokukan Shuhen 07

港から30分の伊江島へ
日帰りショートトリップ

本島からフェリーですぐの離島なら、ワンデイトリップが可能！本部港からアクセスできる人気の離島で、日帰り旅を満喫。

本部港からわずか30分！
伊江島
いえじま

伊江島の湧水を使ったイソーダ
各220円

タッチューと呼ばれる城山がシンボル。ビーチや奇岩の海岸線などの自然スポット、花公園も。

🏠伊江村 ☎0980-49-3519（伊江島観光協会）🚢本部港からフェリーで約30分
沖縄美ら海水族館周辺 ▶MAP 別P12 A-1

海にぽっかりと浮かぶ
伊江島のタッチュー（城山）

とんがり山
が目印

世界のユリ100品種も咲き、
ユリの香りに包まれる

伊江島内のおすすめスポット
リリーフィールド公園
リリーフィールドこうえん

4月下旬からGW頃までが見頃で、最盛期には100万輪のテッポウユリが咲きそろう。

🏠伊江村東江上3087 ☎0980-49-2906（伊江村商工観光課）🕚見学自由 🚗伊江港から約5km 🅿Pあり
沖縄美ら海水族館周辺 ▶MAP 別P12 B-1

🌿本部半島には森ビューのカフェがまだまだある。P.36でも紹介しているのでチェックしてみよう

亜熱帯の森が広がる

やんばる
Yanbaru

沖縄県北部にあり、一帯を亜熱帯の森で覆われたネイチャースポット。トレッキングやカヌーなどのアクティビティが楽しめるほか、秘境に佇む森カフェなど、穴場スポットを訪ねるのも素敵。

大自然が広がる

昼：◎ 夜：×

自然が多いエリアなので、昼がメイン。夜はホテルでゆっくりしよう。

空港からのアクセス

那覇空港
🚗 15分
豊見城・名嘉地IC
🚗 1時間10分
許田IC

許田IC → 🚗 45分 → 慶佐次川

許田IC → 🚗 1時間10分 → 辺戸岬

📷 Yanbaru **01**

奇岩・巨岩がひしめく 絶景パワスポを踏破！

2億5千万年前の石灰岩が織りなす世界最北端の熱帯カルスト地形や、亜熱帯の植物が生い茂る自然林など、大自然の中をトレッキング。

美ら海展望台からはやんばるの大パノラマを見渡す

枝周り約120mの巨大なガジュマルの木に出合う！

大石林山入り口の施設1階には沖縄石の文化博物館も

森林浴でリフレッシュ！

手付かずの自然が残る雄大な森

大石林山
だいせきりんざん

琉球最初の歴史書に記された沖縄本島初の聖地"安須森（アスムイ）"がある。山中には祈りを捧げる場である拝所が60以上もある。

🏠国頭村宜名真1241 ☎0980-41-8117 🕘9:30〜16:30 🈺荒天時 💴1200円 🚗許田ICから約53km Ｐあり

`やんばる` ▶ MAP 別P17 D-1

孫悟空が生まれた岩山をイメージして悟空岩と呼ばれる岩

独特の地形がユニーク！

🚩 ガイドツアーがおすすめ

スピリチュアル ガイドツアー

専門ガイドと、美ら海展望台コースのパワースポットなどを散策。

🕘 **所要:要確認**
(13:00〜)

💴 **要確認**
予約:要予約

沖縄美ら海
水族館周辺

西海岸
リゾート

中部

那覇・首里

南部

★ やんばる

辺戸岬・
大石林山

道の駅
ゆいゆい国頭

45分

1時間10分

ZOOM!

45分

慶佐次川

許田IC

MUST SPOT

慶佐次川
マングローブ林が広が
る。やんばるの森のシン
ボル。>>>P.100

♫ Yanbaru 02

沖縄イチの秘境を
トレッキング！

「やんばるエコツーリズム研究所」の比地大滝プ
ランでは、滝を目指して森を散策。歩道が整備さ
れており、初心者でも安心して参加できる。

キャンプ場もある
比地大滝入り口
からスタート！

スリル満点の大吊
り橋を渡れば、あ
ともうひと息

大きな葉を広げる
クワズイモは沖縄
でよく見る熱帯植
物

滝を目指し自然の中で深呼吸

比地大滝
ひじおおたき

亜熱帯の森に包まれた沖縄本島最大の滝。20m
以上の高さから流れ落ちる様は大迫力。滝まで
は急斜面が続くので、万全な体調で臨みたい。

🏠 国頭村安田248-1　☎0980-41-7966（やんば
るエコツーリズム研究所）
🕘9:00〜16:00（11〜3月は〜15:00）　㊡無休
🚗許田ICから約37km　🅿Pあり

やんばる　▶MAP 別P16 C-3

マイナスイオン
全開り

🚩 ガイドツアーがおすすめ

比地大滝渓流
トレッキング

沖縄本島最大・落差26mの比地
大滝まで、片道1.5kmの森の中
を探検。2名から予約できる。

🕐 所要:約3時間
💰 6000円（入場料込み）
要予約（TELのみ）

まるで亜熱帯ジャング
ルの中に現れたオアシ
スのよう

🌿 比地大滝の麓には比地川が流れ、緑が生き生きとする夏は特に美しい　147

きらめく
サンゴ礁！

 Yanbaru 03

沖縄最北部の景勝地で雄大な自然を満喫する

本島最北にある辺戸岬周辺は、雄大な自然が広がる景勝地。断崖絶壁からの眺めや緑深き森など、壮大なスケールを体感しよう。

眼下に広がるサンゴ礁が圧巻

茅打バンタ
かやうちバンタ

宜名真トンネルの上にある高さ80mの断崖絶壁。崖の上から束ねた茅を落とすと、吹き上がる強風でバラバラになったことが名前の由来。

🏠国頭村宜名真　☎0980-41-2101（国頭村企画商工観光課）　🕐見学自由　🚗許田ICから約52km
🚗Pあり
やんばる　▶MAP 別P17 D-1

展望台からダイナミックな景観を見下ろす

沖縄本島最北端の絶景

辺戸岬
へどみさき

太平洋と東シナ海に面し、古生代のカルストが突き出した断崖絶壁。東屋や遊歩道があり、晴れた日には約22km先の与論島まで見渡すことができる。

🏠国頭村辺戸　☎0980-43-0977（辺戸岬観光案内所）　🕐見学自由　🚗許田ICから約60km　🚗Pあり
やんばる　▶MAP 別P17 D-1

ダイナミックな荒波が
自然の雄大さを物語る

岬の先端から
景色を楽しむ

芭蕉布のふるさと

喜如嘉集落
きじょかしゅうらく

伝統織物"芭蕉布"の里として知られる集落。村の中には織物の原料となる芭蕉の葉が茂り、赤瓦の古い民家が立ち並ぶ、どこか懐かしい風景。

🏠大宜味村喜如嘉
☎なし　🕐見学自由　🚗許田ICから約30km　🚗Pあり
やんばる　▶MAP 別P14 C-1

ゆったりと時間が流れる集落をお散歩しよう

ここでしか買えないやんばるの
特産品が集う

🛒🍴Yanbaru **04**

やんばるの道の駅で
特産品をゲット♪

ヤンバルクイナ
グッズも豊富

やんばるエリアで収穫された農産物や銘菓が一堂に集まるのは、道の駅ならでは。国道58号沿いにあり、ドライブの途中にもおすすめ。

店内にはレストランも

ヤンバルクイナが勢ぞろい

道の駅 ゆいゆい国頭
みちのえき ゆいゆいくにがみ

沖縄本島最北端の道の駅。やんばるの特産品を販売し、国頭産の食材を使うレストランもある。ヤンバルクイナグッズも人気。

🏠国頭村奥間1605　☎0980-41-5555
🕐9:00〜18:00（レストランは11:00〜15:00）　休無休　🚗許田ICから約36km
🚗Pあり　[やんばる]　▶MAP 別P16 B-3

クニガミドーナツ
216円

道の駅でくんじゃん豚料理を

レストランくいな

道の駅 ゆいゆい国頭の中にある直営レストラン。契約農家にて放牧飼育されたくんじゃん豚が名物で、くんじゃん肉を使った沖縄そばや丼を味わえる。

🏠国頭村奥間1605 道の駅ゆいゆい国頭内　☎0980-41-5555　🕐11:00〜15:00　休水曜
🚗許田ICから約36km　🚗Pあり
[やんばる]　▶MAP 別P16 B-3

食堂のような雰囲気の
中でくつろげる。小上がりの席とテーブル席を選べる

くんじゃん豚丼880、
円は汁物、小鉢、漬物
付き

📷Yanbaru **05**

やんばるのおしゃれ
ホステルに泊まる

自然豊かなやんばるエリアにはコテージや民宿などが多く、大型ホステルは貴重な存在。快適に過ごしながら、鳥のさえずりや満天の星空など、自然を楽しむ贅沢なひとときを。

スタイリッシュなホステル

ヤンバルホステル

築46年のホテルをリノベーションしたユースホステル。ファッションビルのインテリアも手掛けてきたオーナーこだわりの内装も必見。ロビーの横にはDJブースもあり遊び心満載！

🏠国頭村辺土名1429　☎0980-41-2787
🚗許田ICから約40km　🚗Pあり
[やんばる]　▶MAP 別P16 B-3
[料金] ツインルーム8200円〜
[IN] 15:00　[OUT] 11:00

インテリアは沖縄ビン
テージがテーマ

ハレ旅 Info

沖縄の空の玄関口
那覇空港早わかり

国内有数の旅客数を誇る那覇空港。
国内線、国際線の2つのエリアがある。

那覇空港国内線

全4フロアから成る国内線ターミナルは施設やサービスが整っている。1階到着ロビーには観光案内所や各種交通サービスが。2〜4階には沖縄みやげを取りそろえるショップや各種レストランが充実。

那覇空港

🏠 那覇市鏡水150
☎ 098-840-1179（インフォメーション）
🚗 Pあり（有料）
那覇 ▶ MAP 別P18 A-3

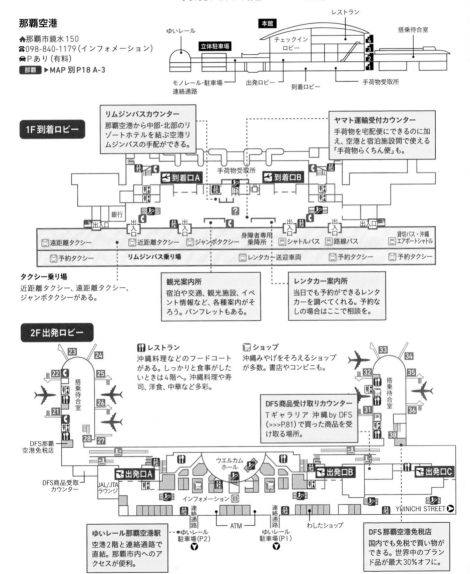

1F 到着ロビー

リムジンバスカウンター
那覇空港から中部・北部のリゾートホテルを結ぶ空港リムジンバスの手配ができる。

ヤマト運輸受付カウンター
手荷物を宅配便にできるのに加え、空港と宿泊施設間で使える「手荷物らくちん便」も。

到着口A　到着口B
手荷物受取所
銀行

遠距離タクシー　近距離タクシー　ジャンボタクシー　身障者専用乗降所　シャトルバス　路線バス　貸切バス・沖縄エアポートシャトル
予約タクシー　リムジンバス乗り場　レンタカー送迎車両　予約タクシー　予約タクシー

タクシー乗り場
近距離タクシー、遠距離タクシー、ジャンボタクシーがある。

観光案内所
宿泊や交通、観光施設、イベント情報など、各種案内がそろう。パンフレットもある。

レンタカー案内所
当日でも予約ができるレンタカーを調べてくれる。予約なしの場合はここで相談を。

2F 出発ロビー

23　24　25　26　搭乗待合室　22　21　28　27
DFS那覇空港免税店
DFS商品受取カウンター
JAL/JTAラウンジ
ウエルカムホール
出発口A
インフォメーション
連絡通路　ATM　連絡通路
わしたショップ

レストラン
沖縄料理などのフードコートがある。しっかりと食事がしたいときは4階へ。沖縄料理や寿司、洋食、中華など多彩。

ショップ
沖縄みやげをそろえるショップが多数。書店やコンビニも。

DFS商品受け取りカウンター
Tギャラリア 沖縄 by DFS（>>>P.81）で買った商品を受け取る場所。

33　34　35　36　搭乗待合室　32　31　38
出発口B　出発口C
YUINICHI STREET ▶

ゆいレール那覇空港駅
空港2階と連絡通路で直結。那覇市内へのアクセスが便利。

ゆいレール駐車場（P2）
ゆいレール駐車場（P1）

DFS那覇空港免税店
国内でも免税で買い物ができる。世界中のブランド品が最大30%オフに。

空港から各エリアへのアクセス

空港から各所への主な移動方法は下記の通り。那覇市内へ行くならゆいレールやタクシー、リゾートホテルへ行くなら空港リムジンバスなどを活用すると楽に移動できる。

ゆいレール
YUI RAIL

那覇空港とてだこ浦西を結ぶモノレール。国際通り周辺など那覇の中心街を通っており、中心部へのアクセスが便利。>>>P.152

レンタカー
RENTAL CAR

事前予約が基本だが、空車があれば到着時にカウンターで申し込むこともできる。到着ロビーを出て道路を渡った先に各社の送迎バス乗り場がある。手続きは各レンタカー会社のオフィスへ移動してから。>>>P.153

シャトルタクシー
TAXI

空港からリゾートホテルまで直行してくれる。事前予約制で行き先ごとの料金が決まっているので安心。追加料金を払えば寄り道観光ができるサービスもある。料金や所要時間はタクシー会社により異なるが、目安は右の通り。

ホテル	所要時間	小型車（定員4名）	中型車（定員5名）
ザ・ビーチタワー沖縄	約50分	5000円	6000円
星のや沖縄	約70分	7000円	8000円
ルネッサンス リゾート オキナワ	約70分	7000円	9000円
ANAインターコンチネンタル万座ビーチリゾート	約70分	8000円	1万円
オクマ プライベートビーチ＆リゾート	約130分	1万5000円	1万9000円

空港リムジンバス
LIMOUSINE BUS

空港と主要なリゾートホテルを結ぶリムジンバス。空港到着ロビーのリムジンバスカウンターでチケットを購入して利用する。事前予約ができないため、満席の場合は次の便を待つ必要があるので、ハイシーズンは時間に余裕を持って。

AREA A　1日4便
- ラグナガーデンホテル
  - ¥610円 ⏱44分
- ザ・ビーチタワー沖縄
  - ¥810円 ⏱1時間1分
- ベッセルホテルカンパーナ沖縄
  - ¥810円 ⏱1時間5分
- レクー沖縄北谷スパ＆リゾート
  - ¥810円 ⏱1時間15分

AREA B　1日2便
- ルネッサンスリゾート オキナワ
  - ¥1530円 ⏱1時間8分
- グランドメルキュール沖縄残波岬リゾート
  - ¥1530円 ⏱1時間22分
- ホテル日航アリビラ
  - ¥1530円 ⏱1時間29分

AREA C　1日2便
- ザ・ムーンビーチミュージアム
  - ¥1530円 ⏱1時間
- ホテルモントレ沖縄 スパ＆リゾート
  - ¥1530円 ⏱1時間4分
- シェラトン沖縄サンマリーナリゾート
  - ¥1630円 ⏱1時間12分
- リザンシーパークホテル谷茶ベイ
  - ¥1630円 ⏱1時間16分
- ANAインターコンチネンタル万座ビーチリゾート
  - ¥1730円 ⏱1時間35分

AREA CD　1日2便
- ハレクラニ沖縄
  - ¥2040円 ⏱1時間54分
- 沖縄かりゆしビーチリゾート・オーシャンスパ
  - ¥2040円 ⏱1時間58分
- ザ・ブセナテラスビーチリゾート
  - ¥2040円 ⏱2時間5分
- オリエンタルホテル沖縄リゾート＆スパ
  - ¥2140円 ⏱2時間10分

AREA DE　1日2便
- 名護バスターミナル
  - ¥2240円 ⏱2時間6分
- 記念公園前（沖縄美ら海水族館）
  - ¥2550円 ⏱2時間36分
- ロイヤルビューホテル沖縄美ら海
  - ¥2550円 ⏱2時間39分
- オリオンホテルモトブ リゾート＆スパ
  - ¥2550円 ⏱2時間40分

※上記以外にも停車ホテルがあります。詳しくは空港リムジンバス案内センター（☎098-869-3301）にお問い合わせください。

ハレ旅 Info

賢く便利に活用しよう！
沖縄交通ガイド

旅の目的やスタイル、予算によって交通手段もさまざま。
それぞれのプランに合わせて、ベストな交通手段をチョイスしよう。

\ 沖縄唯一の鉄道 /

ゆいレール　YUI RAIL

那覇空港からてだこ浦西までの約17kmを所要約37分で結ぶモノレール。その間に19の駅があるので、那覇・浦添エリア内の観光にはとても便利。地上8〜20mの高さを走るので、市街地や海を望む眺めも楽しめる。

ゆいレールMAP 　N　0 — 1km　1:90,000

Tギャラリア沖縄 by DFS
国内で唯一の路面型免税店（>>>P.81）。商品受け取りは空港で。

那覇バスターミナル
沖縄最大級のBT。11の乗り場があり主要エリアへの交通を網羅。

国際通り
沖縄らしい飲食店やみやげ店が並ぶ、観光ストリート（>>>P.90）。

首里城公園
首里城を中心に、守礼門や観会門などの史跡がある（>>>P.102）。

フリー乗車券を活用する

市内を中心にアクセスするなら、ゆいレールのフリー乗車券を利用すれば、都度乗車券を購入するわずらわしさもなく便利。

1日乗車券
（発券時から24時間有効）
¥800円

2日乗車券
（発券時から48時間有効）
¥1400円

問い合わせ
沖縄都市モノレール
☎098-859-2630

（円）

	浦添前田駅	経塚駅	石嶺駅	首里駅	儀保駅	市立病院前駅	古島駅	おもろまち駅	安里駅	牧志駅	美栄橋駅	県庁前駅	旭橋駅	壺川駅	奥武山公園駅	小禄駅	赤嶺駅	那覇空港駅
赤嶺駅																		230
小禄駅																	230	230
奥武山公園駅																230	230	270
壺川駅															230	230	230	270
旭橋駅														230	230	230	270	270
県庁前駅													230	230	230	270	270	270
美栄橋駅												230	230	230	270	270	270	300
牧志駅											230	230	230	270	270	270	300	300
安里駅										230	230	230	270	270	270	300	300	300
おもろまち駅									230	230	230	270	270	270	300	300	300	300
古島駅								230	230	230	270	270	270	300	300	300	300	340
市立病院前駅							230	230	230	270	270	270	300	300	300	340	340	340
儀保駅						230	230	230	270	270	270	300	300	300	340	340	340	340
首里駅					230	230	230	270	270	270	300	300	300	340	340	340	340	340
石嶺駅				230	230	270	270	270	300	300	340	340	340	340	340	340	370	370
経塚駅			230	230	270	270	270	300	300	340	340	340	340	340	370	370	370	370
浦添前田駅		230	230	270	270	270	300	300	340	340	340	340	340	370	370	370	370	370
てだこ浦西駅	230	230	270	270	270	300	300	340	340	340	340	340	370	370	370	370	370	370

\ 自由度は一番 /

レンタカー
RENTAL CAR

沖縄での移動手段で、最も便利なのがレンタカー。レンタル料も本土に比べてかなりリーズナブルで、時間に縛られず、自由に移動ができる。繁忙期などは空車がない場合もあるので、日程が決まったら早めに予約をしておこう。

写真提供：トヨタレンタリース沖縄

利用方法

① 予約する

インターネットで予約するのがスムーズ。利用日時、車両タイプを選ぶと料金が確認できる。カーナビやチャイルドシート、ETC搭載、禁・喫煙などのオプション選択も可能。到着便を伝えておけば、空港に迎えに来てくれる。

② 空港から営業所へ

レンタカーの営業所は空港敷地外にあり、空港からは送迎車で移動する。到着ロビーを出て道路を渡った先に各レンタカー会社の看板が並んでいるので、予約した会社の看板の前で迎えを待つ。

③ カウンターで受付

免許証を提示して契約の手続きを。保険加入の希望を聞かれるので内容を確認して判断しよう。料金の支払いもこのタイミングで、クレジットカード払いがスムーズ。繁忙期は混み合うので30分くらい待つことも。

④ 借りる車とご対面

自分が借りる車に案内されたら、まずはスタッフと一緒に車体のキズをチェック。車の各種操作方法やカーナビの使い方など、不明な点があれば確認しておこう。車に慣れるまでは慎重なドライブを心掛けたい。

返すときは…

▶ ガソリンを満タンに
▶ キズがないかチェックを受ける
▶ 送迎で空港へ

ネットで事前に比較予約

レンタカー比較サイトを使えば、格安プランや好みの車種の検索も一発。ガソリン券やクーポン付きの特典も。

🖥 沖楽

沖楽特価のおすすめ格安プランを、最短1分で簡単に予約できる。各営業所の写真や口コミ情報も満載。
http://oki-raku.net/

主なレンタカー会社

会社名	予約センター	空港営業所
ニッポンレンタカー	☎0800-500-0919	☎098-859-0505
トヨタレンタカー	☎0800-7000-111	☎098-857-0100
日産レンタカー	☎0120-00-4123	☎098-858-0023
エアーズクラブレンタカー	☎098-852-1616	☎098-852-1616
オリックスレンタカー	☎0120-30-5543	☎098-851-0543
OTS レンタカー	☎0120-34-3732	☎098-856-8877
フジレンタカー	☎0120-439-022	☎098-858-9330
タイムズカー レンタル	☎0120-00-5656	☎098-858-1536

\ 手軽で楽々移動 /

タクシー
TAXI

初乗り運賃が600円〜、加算が100円〜と他都市よりもリーズナブルな沖縄のタクシー。近場への移動なら、炎天下を無理して歩くよりもタクシーを活用したほうが便利で楽。街なかは終日流しのタクシーが多いので利用しやすい。

料金の目安

	行き先	運賃	所要時間
那覇空港→	国際通り	約1300円〜	約10分
	首里城公園	約2500円〜	約20分
	平和祈念公園	約4600円〜	約40分
	美浜アメリカンビレッジ	約5500円〜	約45分

問い合わせ

沖縄県個人タクシー事業協同組合
☎098-850-5151
沖縄県ハイヤー・タクシー協会
☎098-855-1344

👜 那覇市内に点在する観光スポットをめぐるなら、ゆいレール＋タクシー利用がおすすめ。体力と相談してタクシーを有効活用しよう

地元っ子気分で

路線バス
BUS

路線が複雑で旅行者は敬遠しがちな路線バスだが、乗るバスさえ分かれば意外と便利。バスマップなどを入手して、移動手段の一つに加えよう。場所によっては本数が少なかったり、最終バスの時刻が早かったりするので、乗る前に必ず確認を。
＊早見表は一例を記載。利用前にバス会社に要問い合わせ

料金・時間早見表

那覇空港➡	那覇バスターミナル	名護バスターミナル	記念公園前(美ら海水族館)	平和祈念堂入口
	🕐12分 ¥260円 **那覇空港(国内線旅客ターミナル前)** ↓沖縄バス120番系統ほか **那覇バスターミナル**	🕐1時間45分 ¥2520円 **那覇空港(国内線旅客ターミナル前)** ↓高速バス111・117番系統 **名護バスターミナル**	🕐2時間18分 ¥2880円 **那覇空港(国内線旅客ターミナル前)** ↓高速バス117番系統 **記念公園前**	🕐1時間10分 ¥880円 **那覇空港(国内線旅客ターミナル前)** ↓琉球バス189番系統ほか **糸満ロータリー** ↓琉球バス交通82番系統 **平和祈念堂入口**

那覇バスターミナル➡	那覇空港	名護バスターミナル	記念公園前(美ら海水族館)	平和祈念堂入口
 	🕐12分 ¥260円 **那覇バスターミナル** ↓沖縄バス120番系統ほか **那覇空港(国内線旅客ターミナル前)**	🕐1時間33分 ¥2420円 **那覇バスターミナル** ↓高速バス111・117番系統 **名護バスターミナル**	🕐2時間 ¥2770円 **那覇バスターミナル** ↓高速バス117番系統 **記念公園前**	🕐1時間 ¥1070円 **那覇バスターミナル** ↓琉球バス89番系統ほか **糸満ロータリー** ↓琉球バス交通82番系統 **平和祈念堂入口**

名護バスターミナル➡	那覇空港	那覇バスターミナル	記念公園前(美ら海水族館)	平和祈念堂入口
	🕐1時間45分 ¥2520円 **名護バスターミナル** ↓高速バス111・117番系統 **那覇空港(国内線旅客ターミナル前)**	🕐1時間33分 ¥2420円 **名護バスターミナル** ↓高速バス111・117番系統 **那覇バスターミナル**	🕐40〜55分 ¥990円 **名護バスターミナル** ↓高速バス117番系統 **記念公園前**	🕐2時間20分 ¥2780円 **名護バスターミナル** ↓高速バス111・117番系統 **国場バス停** ↓琉球バス交通50番系統ほか **玻名城入口** ↓琉球バス交通82番系統 **平和祈念堂入口**

記念公園前(美ら海水族館)➡	那覇空港	那覇バスターミナル	名護バスターミナル	平和祈念堂入口
	🕐2時間18分 ¥2880円 **記念公園前** ↓高速バス117番系統 **那覇空港(国内線旅客ターミナル前)**	🕐2時間 ¥2770円 **記念公園前** ↓高速バス117番系統 **那覇バスターミナル**	🕐40〜55分 ¥990円 **記念公園前** ↓高速バス117番系統 **名護バスターミナル**	🕐2時間50分 ¥3100円 **記念公園前** ↓高速バス117番系統 **国場バス停** ↓琉球バス交通50番系統ほか **玻名城入口** ↓琉球バス交通82番系統 **平和祈念堂入口**

平和祈念堂入口➡	那覇空港	那覇バスターミナル	名護バスターミナル	記念公園前(美ら海水族館)
	🕐1時間10分 ¥880円 **平和祈念堂入口** ↓琉球バス交通82番系統 **糸満ロータリー** ↓琉球バス交通189番系統ほか **那覇空港(国内線旅客ターミナル前)**	🕐1時間 ¥1070円 **平和祈念堂入口** ↓琉球バス交通82番系統 **糸満ロータリー** ↓琉球バス交通89番系統ほか **那覇バスターミナル**	🕐2時間20分 ¥2780円 **平和祈念堂入口** ↓琉球バス交通82番系統 **玻名城入口** ↓琉球バス交通50番系統ほか **国場バス停** ↓高速バス111・117番系統 **名護バスターミナル**	🕐2時間50分 ¥3100円 **平和祈念堂入口** ↓琉球バス交通82番系統 **玻名城入口** ↓琉球バス交通50番系統ほか **国場バス停** ↓高速バス117番系統 **記念公園前**

お任せで賢く巡る手段

時間制でチャーターできる観光タクシーや、沖縄の主要観光スポットを
めぐるバスツアーを利用して、効率よく旅を楽しもう！

その1 観光タクシーを活用する

沖縄の道に慣れたベテランドライバーが運転して
くれるので、時間のロスなく安全に移動できる。

 どういうときに便利？

ゆいレールの路線から外れたエリアでは車での移動がマスト。自由に動き回るならレンタカーが一般的だが、免許がない場合や運転に不安がある人、お酒を楽しみたいという人には不向き。観光タクシーならどんな場所でも自由に行けて、駐車場を探す手間や料金も不要。ドライバーに頼めば穴場の店やスポットも案内してもらえるなどメリットも多い。グループで割り勘にすれば料金も比較的リーズナブルに。

問い合わせ
沖縄県ハイヤー・タクシー協会
☎098-831-9007

 どうやって使う？

基本的に事前予約制だが、到着後に宿泊ホテル等で手配を頼むことも可能。おすすめコースのほか、自分たちで自由にアレンジする時間制のフリープランもある。

フリープラン料金目安

時間	運賃
4時間	1万3400円
5時間	1万6200円
8時間	2万4500円

その2 定期バスを活用する

効率よくリーズナブルに各所を楽しめる。
乗り合わせた人との楽しい出会いもあるかも！？

 定期観光バスって？

各バス会社が催行する観光バスツアー。コースが決まっており自由度は少ないが、その分、観光タクシーなどに比べるとリーズナブル。

 どうやって利用する？

電話やeメールで事前予約が必要。各バス会社のホームページでツアー内容や料金を確認できる。

2つのツアーを比較

		沖縄バス		那覇バス	
コース名 主要観光 スポット		おきなわワールドと戦跡めぐり ⏱約7時間30分 ¥5200円 沖縄バス本社発 8:30	海洋博公園(沖縄美ら海水族館)と今帰仁城跡 ⏱約10時間 ¥7300円 沖縄バス本社発 8:30	首里城・おきなわワールドコース ⏱約7時間 ¥6500円 那覇BT発 9:00	古宇利島・今帰仁城跡・美ら海コース ⏱約9時間30分 ¥7000円 那覇BT発 8:30
首里城公園				◆	
ひめゆりの塔		◆		◆	
平和祈念公園		●			
おきなわワールド		●		●	
イーアス沖縄豊崎		●			
万座毛			●		
古宇利島					●
海洋博公園 美ら海水族館			★		★
今帰仁城跡			●		★

◆有料区域へ入場および入館の場合は別料金発生　　★入館料および入場料は別料金

問い合わせ
那覇バス
☎098-868-3750
daiichibus.co.jp

沖縄バス
☎098-861-0083
http://okinawabus.com/wp/

バスモノパスを活用する

バスモノパスは、那覇バスの那覇市内均一区間とゆいレールが1日乗り放題となるパス。提携する施設やレストランで割引等のサービスも受けられる。

フェリー
FERRY

沖縄本島の周辺には座間味島、渡嘉敷島といった離島が点在しており、那覇市にある泊港や北部の本部港から定期フェリーが運航している。伊江島など日帰りで気軽に訪れることができる離島も多く、料金もリーズナブル。>>>P.28

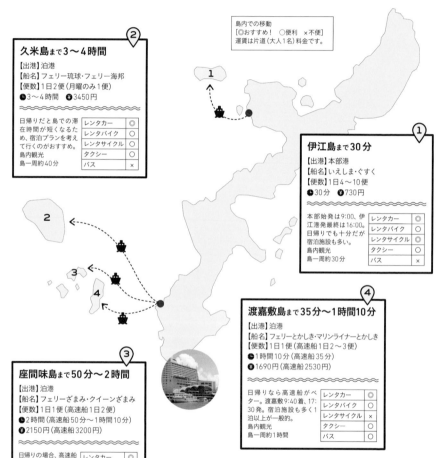

島内での移動
[◎おすすめ！ ○便利 ×不便]
運賃は片道(大人1名)料金です。

1

久米島まで3〜4時間
2
【出港】泊港
【船名】フェリー琉球・フェリー海邦
【便数】1日1便(月曜のみ1便)
🕐3〜4時間 💴3450円

日帰りだと島での滞	レンタカー	◎
在時間が短くなるた	レンタバイク	○
め、宿泊プランを考え	レンタサイクル	○
て行くのがおすすめ。	タクシー	○
島内観光	バス	×
島一周約40分		

伊江島まで30分
1
【出港】本部港
【船名】いえしま・ぐすく
【便数】1日4〜10便
🕐30分 💴730円

本部始発は9:00、伊	レンタカー	◎
江港発最終は16:00。	レンタバイク	○
日帰りでも十分だが	レンタサイクル	◎
宿泊施設も多い。	タクシー	○
島内観光	バス	×
島一周約30分		

2

3

4

渡嘉敷島まで35分〜1時間10分
4
【出港】泊港
【船名】フェリーとかしき・マリンライナーとかしき
【便数】1日1便(高速船1日2〜3便)
🕐1時間10分(高速船35分)
💴1690円(高速船2530円)

日帰りなら高速船がベ	レンタカー	◎
ター。渡嘉敷9:40着、17:	レンタバイク	○
30発。宿泊施設も多く1	レンタサイクル	×
泊以上が一般的。	タクシー	○
島内観光	バス	○
島一周約1時間		

座間味島まで50分〜2時間
3
【出港】泊港
【船名】フェリーざまみ・クイーンざまみ
【便数】1日1便(高速船1日2便)
🕐2時間(高速船50分〜1時間10分)
💴2150円(高速船3200円)

日帰りの場合、高速船	レンタカー	◎
で座間味9:50着、17:	レンタバイク	○
20発。宿泊プランが	レンタサイクル	○
一般的。	タクシー	×
島内観光	バス	×
島一周約3時間		

問い合わせ
渡嘉敷村(那覇連絡事務所)
☎098-868-7541
座間味村(那覇出張所)
☎098-868-4567
久米商船株式会社(那覇本社)
☎098-868-2686
伊江村公営企業課
☎0980-49-2255

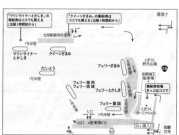

「マリンライナーとかしき」の乗船券はココでも買える(出航1時間前から)
「クイーンざまみ」の乗船券はココで買える(出航1時間前から)

出発はココから

那覇 泊港(とまりん)

「とまりん」は、那覇市の泊港にある複合的な旅客ターミナルビル。ビル内に各航路の乗船券売場がある。

🏠那覇市前島3-25-1
🕐店舗により異なる 🈳無休(店舗により異なる) 🚃ゆいレール美栄橋駅から徒歩約10分

那覇 ▶MAP 別P20 B-1

ハレ旅
Info

事前に知っておけば安心
沖縄へのアクセス方法

沖縄本島へのフライトは、全国各地から那覇空港へ運航している直行便を利用するのが最も便利。
お得な航空券の探し方など、アクセス方法を事前にリサーチ！

全国から沖縄へのアクセス

各空港や各エアラインによって、フライトの便数や値段、出発
時刻などは異なる。予約の前に比較してみよう。
※便数は時期や状況により変動あり

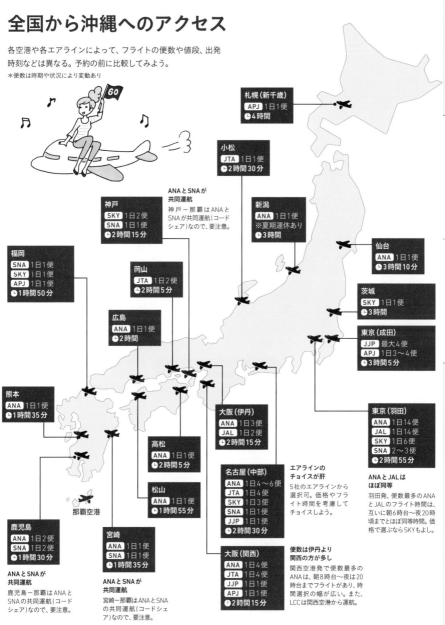

札幌（新千歳）
APJ 1日1便
🕐 4時間

小松
JTA 1日1便
🕐 2時間30分

**ANAとSNAが
共同運航**
神戸－那覇はANAと
SNAが共同運航（コード
シェア）なので、要注意。

神戸
SKY 1日2便
SNA 1日1便
🕐 2時間15分

新潟
ANA 1日1便
※夏期運休あり
🕐 3時間

仙台
ANA 1日1便
🕐 3時間10分

福岡
SNA 1日1便
SKY 1日1便
APJ 1日1便
🕐 1時間50分

岡山
JTA 1日2便
🕐 2時間5分

茨城
SKY 1日1便
🕐 3時間

広島
ANA 1日1便
🕐 2時間

東京（成田）
JJP 最大4便
APJ 1日3〜4便
🕐 3時間5分

熊本
ANA 1日1便
🕐 1時間35分

高松
ANA 1日1便
🕐 2時間5分

大阪（伊丹）
ANA 1日3便
JAL 1日2便
🕐 2時間15分

東京（羽田）
ANA 1日14便
JAL 1日14便
SKY 1日6便
SNA 2〜3便
🕐 2時間55分

**ANAとJALは
ほぼ同等**
羽田発、便数最多のANA
とJALのフライト時間は、
互いに朝6時台〜夜20時
頃までとほぼ同等時間。価
格で選ぶならSKYもよし。

松山
ANA 1日1便
🕐 1時間55分

名古屋（中部）
ANA 1日4〜6便
JTA 1日4便
SKY 1日3便
SNA 1日1便
JJP 1日1便
🕐 2時間30分

**エアラインの
チョイスが肝**
5社のエアラインから
選択可。価格やフラ
イト時間を考慮して
チョイスしよう。

那覇空港

鹿児島
ANA 1日2便
SNA 1日2便
🕐 1時間30分

**ANAとSNAが
共同運航**
鹿児島－那覇はANAと
SNAの共同運航（コード
シェア）なので、要注意。

宮崎
ANA 1日1便
SNA 1日1便
🕐 1時間35分

**ANAとSNAが
共同運航**
宮崎－那覇はANAとSNA
の共同運航（コードシェ
ア）なので、要注意。

大阪（関西）
ANA 1日4便
JTA 1日4便
JJP 1日1便
APJ 1日1便
🕐 2時間15分

**便数は伊丹より
関西の方が多し**
関西空港発で便数最多の
ANAは、朝8時台〜夜20
時台までフライトがあり、時
間選択の幅が広い。また、
LCCは関西空港から運航。

INDEX

浜辺の茶屋	南部	34
ハワイアンパンケーキ チャハヤブラン	美ら海水族館周辺	141
Hawaiian Pancakes House Paanilani	西海岸リゾート	52
PANCAKE HOUSE JAKKEPOES	西海岸リゾート	137
パン屋水円	西海岸リゾート	55
Vita Smoothies	那覇	25
ひがし食堂	美ら海水族館周辺	47
ヒロ・コーヒーファーム	やんばる	56
fuu cafe	美ら海水族館周辺	37
Fairy cotton candy	中部	39
Fontana Gelato	那覇	93
PLOUGHMAN'S LUNCH BAKERY	中部	54,133
FLAP COFFEE and BAKE SHOP	美ら海水族館周辺	53
ブルーシール 国際通り店	那覇	91
ブルーシール 北谷店	中部	39
フルーツカフェ 松田商店	美ら海水族館周辺	25
べんり屋 玉玲瓏	那覇	70
豊年	那覇	89
Po egg okinawa	那覇	125
ポーたま 牧志市場店	那覇	67
POCO CAFE	那覇	92
星野リゾート オールーグリル	西海岸リゾート	32
星野リゾート バンタカフェ	西海岸リゾート	32
VONGO&ANCHOR	中部	132
MAXI PUDDING	那覇	10
真夜中スイーツ 那覇国際通り店	那覇	91
麺処 てぃあんだー	那覇	43
八重山そば ジュネ	那覇	43
焼肉もとぶ牧場 もとぶ店	美ら海水族館周辺	65
山羊料理 美咲	那覇	71
やちむん喫茶 シーサー園	美ら海水族館周辺	36
やんばるジェラート	中部	80
やんばるダイニング 松の古民家	美ら海水族館周辺	64
ゆうなんぎぃ	那覇	69
LUCKY TACOS	那覇	49,92
リビングルーム「マロード」	西海岸リゾート	136
Re:MELO	中部	132
琉球ネオ酒場ららら	那覇	121
琉冰 おんなの駅店	西海岸リゾート	25
レストランくいな	やんばる	149
レストラン やんばるシーサイド	やんばる	42
WaGyu-Café KAPUKA	中部	132

🛒 SHOPPING

アイランドアロマ沖縄	南部	31
イーアス沖縄豊崎	南部	80
イオンモール沖縄ライカム	中部	80
イオンリカー	中部	80
一翠窯	西海岸リゾート	73
海の駅 あやはし館	中部	135
ANA FESTA 那覇ロビー2号店	那覇	83
御菓子御殿 恩納店	西海岸リゾート	82
御菓子御殿 国際通り松尾店	那覇	90

オキナワアロマペタルーナ 北谷サンセット店	中部	31
おきなわ屋本店	那覇	82
GARB DOMINGO	那覇	74
海想 平和通り店	那覇	92
Kamany	那覇	124
元祖中本てんぷら店	南部	129
ギャラリー山田工房	西海岸リゾート	138
久高民藝社	那覇	93
guma guwa	那覇	124
グルクン売店	那覇	83
工房ことりの	美ら海水族館周辺	73
黒糖カヌレ ほうき星	中部	26
サンエー浦添西海岸 PARCO CITY	中部	81
サンエー那覇メインプレイス	那覇	86
じーさーかす	那覇	122
シーサーのおみやげやさん	那覇	81
CHICAGO ANTIQUES on ROUTE58	中部	133
島しまかいしゃ	美ら海水族館周辺	27
Jimmy's 大山店	中部	87
ショップなは	那覇	93
首里染織館 suikara	首里	76
第一牧志公設市場	那覇	89
宙吹きガラス工房 虹	西海岸リゾート	79
Tギャラリア 沖縄 by DFS	那覇	81
ten	中部	74
Doucatty	南部	77
陶芸工房 ふじ	西海岸リゾート	138
南々風 ハーバービュー店	中部	83
PEARL.	中部	133
機織工房しょん	南部	76,111
平田漬物店	那覇	89
ビン food + cafe 'eju'	南部	27
ファッションキャンディ 宜野湾本社	中部	83
ふくぎや 国際通り店	那覇	91
藤井衣料店	中部	131
PORTRIVER MARKET	中部	131
松原屋製菓	那覇	88
道の駅 ゆいゆい国頭	やんばる	149
MIMURI	那覇	77
Made in ピエール・エルメ 那覇空港	那覇	26
mofgmona no zakka	中部	75
与那嶺鮮魚	那覇	89
読谷山焼 北窯売店	西海岸リゾート	73,138
樂園百貨店	那覇	27,124
La Cucina SOAP BOUTIQUE	那覇	31
りゅう	西海岸リゾート	75
琉球ガラス工房 glacitta'	西海岸リゾート	78
琉球ガラス匠工房 石川店	西海岸リゾート	79
琉球ガラス村	南部	79
琉球銘菓くがにやあ	那覇	82
RENEMIA	那覇	93
ロードワークス	那覇	123
わしたショップ国際通り店	那覇	84

STAY

ANA インターコンチネンタル 万座ビーチリゾート	西海岸リゾート	21
オリエンタルホテル 沖縄リゾート&スパ	西海岸リゾート	33
古民家の宿 しらはま	美ら海水族館周辺	141
コルディオテラス古宇利島	美ら海水族館周辺	33
STORYLINE瀬長島	那覇	33
TWIN-LINE HOTEL YANBARU OKINAWA JAPAN	美ら海水族館周辺	11
ハレクラニ沖縄	西海岸リゾート	33
星のや沖縄	西海岸リゾート	32
ホテル日航アリビラ	西海岸リゾート	21
ヤンバルホステル	やんばる	149
琉球ホテル&リゾート 名城ビーチ	南部	10
ルネッサンス リゾート オキナワ	西海岸リゾート	20

STAFF

編集制作
株式会社ランズ

取材・執筆
明神琴音（株式会社ランズ）

撮影
北原俊寛　根原奉也　宮崎慎也

写真協力
沖縄観光コンベンションビューロー
関係各市町村観光課　関係諸施設
朝日新聞社

表紙デザイン　菅谷真理子＋髙橋朱里（マルサンカク）

本文デザイン　菅谷真理子＋髙橋朱里（マルサンカク）
　　　　　　　　今井千恵子（Róndine）

表紙イラスト　大川久志　深川優

本文イラスト　小幡彩貴　細田すみか

地図制作　s-map

地図イラスト　石嶋弘幸

組版・印刷　大日本印刷株式会社

企画・編集　清永愛、安田彩華、白方美樹（朝日新聞出版）

ハレ旅　沖縄
（たび）（おきなわ）

2024年 6 月30日　改訂4版第1刷発行

編　著　朝日新聞出版

発行者　片桐圭子

発行所　朝日新聞出版
　　　　〒104-8011　東京都中央区築地5-3-2
　　　　（お問い合わせ）infojitsuyo@asahi.com

印刷所　大日本印刷株式会社

©2024 Asahi Shimbun Publications Inc.
Published in Japan by Asahi Shimbun Publications Inc.
ISBN 978-4-02-334763-2

\ スマホやPCで！/
ハレ旅 沖縄
電子版が無料！
購入者限定 FREE

① 「honto電子書籍リーダー」アプリをインストール

Android版 Playストア
iPhone/iPad版 AppStoreで
honto を検索

PCでの利用の場合はこちらから
https://honto.jp/ebook/dlinfo

右のQRコードからも
アクセスできます

② 無料会員登録

インストールしたアプリのログイン画
面から新規会員登録を行う

③ ブラウザからクーポンコード入力画面にアクセス

ブラウザを立ち上げ、下のURLを入
力。電子書籍引き換えコード入力画面
からクーポンコードを入力し、My本棚
に登録

クーポンコード入力画面URL
https://honto.jp/sky

クーポンコード asa3522778391944
※2026年12月31日まで有効

右のQRコードからも
クーポンコード入力画
面にアクセスできます

④ アプリから電子書籍をダウンロード＆閲覧

①でインストールしたアプリの「ライ
ブラリ」画面から目的の本をタップし
て電子書籍をダウンロードし、閲覧して
ください
※ダウンロードの際には、各通信会社の通信料が
かかります。ファイルサイズが大きいため、Wi-Fi
環境でのダウンロードを推奨します。
※一部、電子版に掲載されていないコンテンツが
あります。

ご不明な点、お問い合わせ先はこちら
honto お客様センター
✉ shp@honto.jp
☎0120-29-1815
IP電話からは ☎03-6386-1622
※お問い合わせに正確にお答えするため、通話を
録音させていただいております。予めご了承くだ
さい。